生态环境与消费决策

丁瑛 著

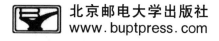
北京邮电大学出版社
www.buptpress.com

内 容 简 介

消费作为拉动经济增长的三驾马车之一，始终发挥着十分重要的社会作用。消费者的每个决策和偏好不仅会受到所在社会群体的影响，还会受到赖以生存的生态环境的影响。基于此，本书从生态环境的角度切入，利用跨学科视角深入探讨了消费决策和消费偏好等问题。本书选取了自然地理、疫情暴发、空气污染、社会拥挤、虚拟空间与数字背景等维度，系统地分析了这些重要的生态环境变量如何作用于消费决策和产品偏好，及其背后的心理机制；梳理了前沿研究的理论发现，并充分结合营销实践和实证数据，这对于相关学科研究具有积极的理论和现实意义；展望了相关研究领域的未来研究趋势和发展方向。

本书可供从事市场营销领域的研究人员以及对消费心理学感兴趣的专家学者使用，也可作为从事营销实践工作人员的参考用书。

图书在版编目(CIP)数据

生态环境与消费决策 / 丁瑛著. -- 北京：北京邮电大学出版社，2022.4
ISBN 978-7-5635-6621-1

Ⅰ. ①生… Ⅱ. ①丁… Ⅲ. ①消费模式—研究—中国 Ⅳ. ①D669.3

中国版本图书馆 CIP 数据核字(2022)第 054430 号

策划编辑：彭　楠　　责任编辑：廖　娟　　封面设计：七星博纳

出版发行：	北京邮电大学出版社
社　　址：	北京市海淀区西土城路 10 号
邮政编码：	100876
发 行 部：	电话：010-62282185　传真：010-62283578
E-mail：	publish@bupt.edu.cn
经　　销：	各地新华书店
印　　刷：	唐山玺诚印务有限公司
开　　本：	720 mm×1 000 mm　1/16
印　　张：	11.25
字　　数：	211 千字
版　　次：	2022 年 4 月第 1 版
印　　次：	2022 年 4 月第 1 次印刷

ISBN 978-7-5635-6621-1　　　　　　　　　　　　　　　　定价：56.00 元

·如有印装质量问题，请与北京邮电大学出版社发行部联系·

前　言

2019年，突如其来的新冠肺炎疫情彻底改变了全球经济格局和民众的消费模式。这场灾难性的疫情促使作者开始思考人类赖以生存的自然地理等生态环境如何重塑人们消费行为的问题。

一直以来，消费作为拉动经济增长的三驾马车之一，始终发挥着十分重要的社会作用。随着我国改革开放的不断深入和经济水平的不断提升，消费升级问题日益凸显，了解和探究消费者的决策模式成为一个至关重要的课题。虽然目前市面上已有多本关于消费者心理与行为的专著和教材，但是大部分的同类书主要以西方传统的消费行为理论体系为基础，且对市场环境的关注比较微观。而本书则从宏观角度理解和剖析消费者所处的生态环境如何作用于消费决策和产品偏好，并将相关的经典理论和营销前沿实践相结合。

人作为消费的主体，并不是孤立存在的，不仅依托于社会环境中的人际互动，更离不开自身所处的生态环境。古语云"一方水土养一方人"，生活在严寒地区和温暖地带的消费者的性格和消费偏好可能会有所差异。基于此，本书从生态环境的角度切入，利用跨学科视角深入探讨了消费决策和消费偏好等问题，涵盖了自然地理、疫情暴发、空气污染、社会拥挤、虚拟空间与数字背景等维度，系统地分析了这些重要的生态环境变量如何作用于消费决策和产品偏好，及其背后的心理机制；梳理了前沿研究的理论发现，并充分结合营销实践和实证数据，这对于相关学科研究具有积极的理论和现实意义；展望了相关研究领域的未来研究和发展方向。具体而言，本书有以下特点。

1. 整合跨学科知识，融合学术前沿

与常规的消费行为研究不同，本书充分结合和融汇了多学科知识，包括管理学、心理学、社会学、环境生态学、大数据管理等领域的知识点，也对相关领域的学术前沿发现与经典理论进行了整合与梳理。

2. 连接线上和线下消费热点话题

借助我国经济数字化转型的重要契机，本书设有章节区分了虚拟空间和线下实体空间对于消费决策的不同影响路径，帮助企业管理者开拓线上营销渠道。此外，作者还重点关注了日新月异的新消费热点话题，例如种草经济、直播购物、人工智能等。

3. 洞察消费心理，聚焦消费决策

本书不仅关注消费者如何决策及决策随着所处生态环境变化而发生的相应变化，还深入探讨了这些决策变化背后的心理动机。这些分析能为今后的消费者行为领域相关研究提供新的思路和视角。

本书在写作过程中参考了大量的国内外文献，其中既包括经典研究，又包括最前沿的学术动态进展。作者的研究团队在本书写作过程中提供了重要的支持，包括资料收集和文献整理等，特此向中国人民大学商学院博士生许孙旭（负责第二章、第三章）、钟嘉琦（负责第四章）、杨晨（负责第五章）、硕博连读生刘艳等（负责第六章）表示感谢。

本书集合了作者关于消费者行为研究领域的思考和想法，希望通过本书帮助更多研究同人了解生态环境相关的研究议题，也欢迎各位消费者研究领域的专家学者批评指正。

丁　瑛

2021 年 11 月

目　　录

第一章　绪论 …………………………………………………………………… 1

　　一、自然地理环境与个体消费的关系 ………………………………………… 1
　　二、疫情暴发与个体消费的关系 ……………………………………………… 2
　　三、空气污染与个体消费的关系 ……………………………………………… 3
　　四、拥挤状态与个体消费的关系 ……………………………………………… 5
　　五、数字化背景与个体消费的关系 …………………………………………… 8

第二章　自然地理环境与消费决策 …………………………………………… 10

　第一节　自然地理的分类与维度 ……………………………………………… 10
　　一、自然地理环境概述 ………………………………………………………… 10
　　二、自然地理环境的差异性 …………………………………………………… 11
　　三、自然地理环境的分类 ……………………………………………………… 11
　第二节　敬畏感驱使的消费心理 ……………………………………………… 14
　　一、敬畏感的定义与内涵 ……………………………………………………… 14
　　二、敬畏感的操纵方式与测量 ………………………………………………… 15
　　三、敬畏感对消费行为的影响 ………………………………………………… 18
　第三节　气象对消费行为的影响 ……………………………………………… 20
　　一、气象心理学概述 …………………………………………………………… 20
　　二、气象对于个体心理的影响 ………………………………………………… 22
　　三、气象对于消费者行为的影响 ……………………………………………… 24

第四节　地理环境对个体心理与行为的影响……………………… 25
　　一、地理决定论概述…………………………………………… 25
　　二、地理环境要素对个体心理与行为的影响………………… 26
本章参考文献……………………………………………………… 28

第三章　疫情暴发与消费决策……………………………………… 37

第一节　恐惧管理理论与死亡凸显………………………………… 37
　　一、恐惧管理理论的基本内容………………………………… 37
　　二、死亡凸显及其操纵方式…………………………………… 38
　　三、死亡凸显效应……………………………………………… 40

第二节　死亡凸显对个体心理与行为的影响……………………… 42
　　一、死亡凸显对个体生理和心理的影响……………………… 42
　　二、管理学视角下的死亡凸显研究…………………………… 43

第三节　疫情对经济的影响………………………………………… 49
　　一、疫情的定义与类型………………………………………… 49
　　二、以往疫情对经济的影响…………………………………… 50
　　三、新冠肺炎疫情对经济的影响……………………………… 51

第四节　疫情对消费行为的影响…………………………………… 53
　　一、疫情对消费者心理的影响………………………………… 53
　　二、疫情对消费者行为的影响………………………………… 54

本章参考文献……………………………………………………… 56

第四章　空气污染与消费决策……………………………………… 72

第一节　空气污染的定义、分类与起因…………………………… 72
　　一、空气污染的定义与测量…………………………………… 72
　　二、空气污染的主要类型……………………………………… 74
　　三、空气污染的成因分析……………………………………… 75

第二节　空气污染内隐性影响……………………………………… 76
　　一、生理反应…………………………………………………… 76

二、心理状态 ·· 77
　　三、认知能力 ·· 78
第三节　应对空气污染的逃跑型策略 ··· 79
　　一、投资决策 ·· 79
　　二、组织行为 ·· 80
　　三、消费行为 ·· 80
第四节　应对空气污染的战斗型策略 ··· 82
　　一、逃跑型策略的危害 ·· 82
　　二、战斗型策略在消费者领域的应用 ·· 83
第五节　空气污染的新兴研究点 ··· 84
　　一、强化空气污染对消费行为影响的探索 ··· 85
　　二、尝试探索空气污染的正面影响 ··· 86
　　三、增加对偶发性空气污染情境影响的讨论 ····································· 87
　　四、精细化空气污染的研究场景 ··· 88
本章参考文献 ·· 89

第五章　拥挤状态与消费决策　94

第一节　拥挤的概念厘定 ··· 94
　　一、拥挤定义及相关研究 ·· 94
　　二、概念辨析：密度，感知拥挤，社会拥挤 ····································· 95
　　三、社会拥挤的概念演变 ·· 97
第二节　拥挤对个体心理及行为的影响 ····································· 97
　　一、拥挤对生理的影响 ·· 98
　　二、拥挤对疾病传播的影响 ··· 99
　　三、拥挤对心理的影响 ·· 100
　　四、拥挤对行为的影响 ·· 101
第三节　拥挤对消费行为的影响 ··· 104
　　一、社会拥挤对满意度及产品评价的影响 ·· 104
　　二、社会拥挤对消费者决策思维的影响 ·· 106

三、社会拥挤对服务营销的影响 …… 106
　　四、社会拥挤对产品偏好的影响 …… 107
　　五、空间拥挤对消费行为的影响 …… 108

第四节　拥挤的测量与操纵方式 …… 109
　　一、拥挤的测量方式 …… 109
　　二、拥挤的操控方式 …… 111

本章参考文献 …… 111

第六章　数字化环境背景与消费决策 …… 120

第一节　数字经济与数字化营销 …… 120
　　一、数字经济 …… 120
　　二、数字经济与消费市场 …… 122
　　三、数字化营销 …… 125

第二节　大数据顾客画像 …… 126
　　一、大数据分析 …… 126
　　二、消费大数据的类型与利用 …… 128
　　三、顾客画像 …… 129

第三节　数字化转型对消费者行为的影响 …… 133
　　一、数字化转型下的消费新内涵 …… 133
　　二、线上销售导致消费模式的变化 …… 134
　　三、电子口碑 …… 136

第四节　直播购物情境下的消费心理 …… 138
　　一、直播购物及其特征 …… 138
　　二、直播电商的本质 …… 140
　　三、直播购物与消费行为 …… 143

第五节　人工智能与消费满意度 …… 146
　　一、人工智能发展概况 …… 146
　　二、影响消费者使用人工智能的因素 …… 148
　　三、智能客服与满意度 …… 150

本章参考文献 ·· 154

第七章　研究总结与展望 ·· 164

第一节　生态环境研究总结 ·· 164
第二节　生态环境研究展望 ·· 165
   一、从关注行为本身转向关注心理机制 ·· 165
   二、从实验室实验转向实地实验 ·· 166
   三、从情境操纵转向真实场景的模拟 ·· 166
   四、从虚拟偏好转向真实选择 ·· 167
   五、从微观的单次决策转向宏观的长期行为变化 ··································· 167

第一章 绪 论

本书采用宏观视角和微观视角相结合的模式,重点关注个体作为消费的主体如何与其所处的生态环境产生互动,进而在不同情境下衍生出独特的消费偏好和决策模式。全书共分为七章,其中第一章为绪论,为读者梳理和介绍全书的结构框架以及各章的知识要点;第二章至第六章分别从生态环境的五个核心视角切入分析其如何影响和作用于消费者的心理与行为,五个核心视角包括自然地理环境、疫情暴发、空气污染、拥挤状态和数字化在线虚拟情境等;最后一章为相关研究领域的展望和今后研究的趋势分析。以下分别对第二章至第五章的内容进行简要介绍。

一、自然地理环境与个体消费的关系

传统"地理决定论"认为地理环境直接或间接地影响人类的身心特征、民族特性、社会组织、文化发展等。对消费者而言,气温、光照等自然地理环境要素会在无形中影响消费决策的过程和结果。此外,接触自然地理环境也会引发一些特定的情绪,如敬畏感。

第二章第一节"自然地理的分类与维度"主要介绍了自然地理环境的相关知识。虽然自然地理环境是一个有机整体,但是不同地域单元的自然地理环境存在着不同程度的差异,较大尺度上的地域分异表现出纬度地带分异规律、干湿度地带分异规律和垂直地域分异规律。结合三大分异规律,自然地理环境可通过其所在纬度、所属气候、所处植被带、海陆分布和地貌类型等方式进行分类。正是因为这些地域分异,自然地理环境才会对个体产生具体不同的影响。

第二章第二节"敬畏感驱使的消费心理"则是以自然地理环境容易诱发的情绪——敬畏感为主题。敬畏感特指个体面临宏大、新奇、复杂等无法用已有的认知图式进行解释的事物或场景时,所产生的一种混合着震惊、顺从、困惑和好奇等多种感受的复杂情绪体验。例如壮丽的自然风景（如绵延的山脉）、较大影响范围的自然现象（如台风）都会诱发个体的敬畏感。与其他情绪类似，敬畏感除了被情境诱发外，还可以是一种个体特质性的状态，这种特质性的敬畏水平在人与人之间会存在个体差异。本节由敬畏感的起源与发展出发，阐述了敬畏感的定义与内涵、操纵方式与测量。在消费行为方面，作者探讨了敬畏感可以促进亲社会行为和亲环境行为、降低物质主义倾向，引发特定的产品偏好并影响消费者与品牌的关系。

第二章第三节"气象对消费行为的影响"聚焦于"气象"这一自然地理环境中的重要因素。气象心理学研究将大气现象划分为"短期的天气"和"长期的气候"，在我国的殷商时期和西方的古希腊时期就有相关研究的雏形。本节重点介绍了天气对于个体情绪和认知的影响、气候对于个体心理和群体文化的影响。在消费者行为方面，气象因素的影响也较为广泛，不同的气象条件会影响消费者的亲社会和攻击性行为、金融投资行为、产品选择偏好、口碑与消费者购买意愿。值得一提的是，气象因素对消费者行为的影响往往是U形的而不是线性的，男女性之间还可能存在性别差异。

第二章第四节"地理环境对个体心理与行为的影响"首先介绍了曾广受学者认同的"地理决定论"，虽然该理论现已因其对于历史进程的简化而受到质疑，但该理论曾经的盛行也向我们展现了地理环境对于个体心理与行为的重要影响。由于目前探索地理环境要素对消费心理影响的研究较少，本节主要介绍了除气象要素以外的其他地理环境要素（气压与海拔、风、地理位置）对于个体心理与行为的重要影响，以期为读者们带来新的研究思路和研究启发。

二、疫情暴发与个体消费的关系

自人类诞生之日起，死亡就与人类有着密切的联系。我们在生存环境中会感受到各种各样与死亡相关的刺激，例如台风、地震等自然灾害，老虎、蛇等对人有生命威胁的动物，手机、电视中关于各类事故的新闻等。随着新型冠状病毒迅速在全球范围内的广泛传播，根据Worldometers数据库的相关数据，目前全球累计新冠确诊病例高达2.09亿例，其中确诊病例超过100万例的国家高达32个，累计死亡病例则已超过439万例（截至2021年8月18日）。作为当下环境中难以忽视的死亡威胁，疫情暴发以其巨大的影响力和影响范围成为各学科领域的研究热点。本章节从死亡凸显这一整体概念出发，介绍了恐惧管理理论与死亡凸显、死亡凸显对个体心理与行为的影响,进而由面到点,细化到疫情暴发这一特殊事件并聚焦于疫情暴发对于个体消费决策的影响。

第三章第一节"恐惧管理理论与死亡凸显"首先介绍了由 Greenberg 等学者提出的恐惧管理理论,该理论是死亡心理研究的基础,由焦虑缓冲器假设、死亡凸显效应假设和死亡想法可及性假设三大假设组成。根据双重加工模型,个体在防御死亡相关想法时分为有意识的近端防御和无意识的远端防御,远端防御便是死亡凸显研究的重点。之后,本节介绍了死亡凸显的内涵及其与相关概念的辨析、死亡凸显的操纵方式,最后梳理了由文化世界观、自尊和亲密关系这三种防御机制引发的死亡凸显效应的相关文献研究。

第三章第二节"死亡凸显对个体心理与行为的影响"可以分为两大部分。第一部分为死亡凸显对个体生理和心理的影响,现有的大部分研究集中于死亡凸显对个体的消极影响,例如死亡凸显会使高神经质的个体倾向于逃避身体感觉、激活个体对于自我关注状态的逃避和负面影响个体在认知任务中的表现。但也有部分研究验证了死亡凸显在某些方面能对个体产生积极的影响,例如激发男性的身体力量、促进个体的目标追求和增强个体的诚实倾向等。第二部分为管理学视角下的死亡凸显研究。在消费者行为方面,死亡凸显会影响个体的物质主义倾向、健康食品的选择与食品消费数量,增加炫耀性消费行为、亲社会行为和风险行为。此外,死亡凸显还会引发特定的产品偏好,影响消费者对于营销刺激的感知和态度。在组织行为方面,死亡凸显会影响员工的领导者偏好、工作行为;同时,死亡凸显还会引发工作环境中的偏见和歧视。

第三章第三节"疫情对经济的影响"和第四节"疫情暴发对消费行为的影响"都是以疫情为主题。第三节首先介绍了疫情的定义与类型,随后梳理了以往疫情对于经济影响的研究,最后分阶段介绍了新冠肺炎疫情对中国经济的两次冲击。第四节则聚焦于疫情暴发对消费行为的影响:在消费者心理方面,本节介绍了疫情暴发对于消费者行为免疫系统、情绪以及归属感需求的影响;在消费者行为方面,由于以往疫情对于消费者行为影响的研究较少,本节重点关注了由新冠肺炎疫情引发的消费者囤积行为、拥抱数字技术的倾向,同时介绍了疫情线索对于消费者旅行偏好与决策以及特定产品偏好的影响。

三、空气污染与个体消费的关系

为什么空气污染引起社会的重视?古时,陶渊明在《桃花源记》中向世人展现了良田美池、曲径通幽、黄发垂髫的幸福生活；如今，青山常在、绿水长流，是人们对更高质量、更可持续发展道路的向往。因此，自古以来，美好的自然环境一直是人们生活的恒久追求与渴望。在 2000 年来临之际，国家林业和草原局（原国家林业局）与背景零点公司面向社会公众发布了一项调查，以了解在公众认知中关于理想生活中最重要的事物，选项包含汽车、高楼大厦、现代化工厂等现代生活的象征。然而，出人意料的是，干净的空气更被认为是理想生活环境中必不可少的事物；此外，还有绿地、花草、树林等，它们被选择的比例远远高于其他选项。

经济发展与自然环境似乎总是处于相互拉锯的状态。在社会生产力快速发展的今天，人们生活中的基本生理需要得到了极大的满足，个体开始期望获得更高层次的生活体验。同时，经历过狂热阶段带来的环境问题后，整个社会对经济发展与物质提升的追求逐渐回到相对理性的状态，进而寻求更高质量与更可持续的发展模式。自党的十八大以来，以习近平同志为核心的党中央高度重视生态文明建设，"美丽中国"成为生态文明建设的远景目标，其中"人与自然和谐共生""持续改善环境质量"是建设美丽中国的重要任务。

毋庸置疑，作为一个重要的自然环境背景，空气污染影响深远。个体时时刻刻呼吸着空气，生存、生活与生产无法离开空气这一大背景。从地理上看，空气污染是在全球范围内广为流行，遍布世界的每个角落；从群体内看，空气污染的负面影响渗透每一个体，不受限于特定族群与阶层。从短期看，空气污染的出现迫使群众改变出行计划，带来呼吸道的些微不适；从长期看，空气污染的危害将代代传递，深刻地降低个体生活质量。

作者在第四章的第一小节对空气污染问题进行详细梳理，阐述空气污染的定义、类型与主要诱因；第二小节则立足于病理学、心理学、经济学与组织行为学等不同学科，从差异化视角围绕空气污染问题进行讨论，介绍空气污染对个体生理、心理及认知能力的影响；在随后的小结中，基于"逃跑-战斗"策略构建个体关于空气污染的反应框架，即为了应对空气污染带来的负面冲击，个体在不同领域采取不同应对策略时的行为表现。对上述内容的整理与讨论将帮助读者动态地认识与理解空气污染问题，并为空气污染后续的行为介入实践与干预活动提供借鉴。可以看到，相对而言，消费者领域关于空气污染的研究尚少，仍有许多问题与现象值得深入探索。营销学领域研究的愿景之一是优化消费者选择，更好地满足消费者需求，让个体在消费中获得满足感。理解个体面对空气污染时可能发生的消费行为，不仅有助于缓解个体因空气污染产生的负面心理，而且将助力消除空气污染冲击下各种社会问题。这是一个值得在将来研究中进一步探讨的问题，进而使我们对空气污染问题形成系统与整体的认识。

四、拥挤状态与个体消费的关系

拥挤状态是个体的主观感受，不同的消费者可能会对同样的拥挤状态有完全不同的心理感受。本书第五章第一节首先对"挤"的概念进行了清晰的定义和区分。拥挤是密度与社会和个人环境综合而产生的，拥挤环境使个人对空间感到限制。同时，该节还讨论了与拥挤密切相关的三个不同的概念：密度、感知拥挤、社会拥挤。其中，密度是个体数量和可用空间数量的函数。人们可以在保持零售空间不变的同时改变实际个体数量来考察人口密度，或者通过改变可使用空间的数量和位置来考察空间密度。感知拥挤是个体的主观感受，即便是较低的密度，不同的人也可能会感觉到不同程度的拥挤，它是环境与个人心理交互的产物。而社会拥挤则包含了社会因素、情境因素和个人因素的定义，人群聚集会导致社会拥挤。

在第五章第二节中，作者重点梳理拥挤领域相关的问题。针对拥挤的研究领域，心理学领域已经取得了非常丰富的研究成果，营销领域则在心理学研究成果的基础上对拥挤进行了更深入的研究。具体来讲，心理学领域的学者探究了拥挤对个体生理、心理的影响（Baumeister, Tice, 1990; Cacioppo et al., 2002; MacDonald, Leary, 2005），这些研究对于帮助人们全面了解拥挤有着非常重要的意义，对于指导营销领域的拥挤研究也有理论价值。在借鉴心理学研究成果的基础上，个体的行为也会受到影响，这主要分为退缩行为和防御行为。

在第五章第三节中，作者重点关注营销领域中拥挤对消费行为的影响。营销领域的学者们对拥挤的研究主要聚焦于情绪影响导致的满意度和购物意愿影响，以及处于拥挤环境中的消费者为应对拥挤而采取的消费行为策略，如独特性寻求行为、预防行为等（Xu, Shen, Wyer, 2012; Meang et al., 2012）。同时，拥挤研究还可以分为社会拥挤研究和空间拥挤研究。这些成果都是对心理学领域的研究发现和相关理论的应用和推进，进一步拓展了拥挤的研究范围，同时对帮助营销人员理解和解决营销情境中的拥挤问题有着重要的实践意义。对拥挤相关的研究的总结梳理如表1-1所示。

表 1-1 拥挤相关研究总结

研究领域		研究结论
非营销领域	生理	1. 过度兴奋（Evans, 1979） 2. 肾上腺皮质系统活动的显著增加（Christian, 1961） 3. 男性睾丸雄激素分泌的减少以及女性雌激素含量的增加（Christian & Davis, 1964） 4. 社会适应困难和病态行为的增加（Alexander, Roth, 1970; Calhoun, 1962） 5. 代谢水平升高（Griffitt, Veitch, 1971）
	疾病传播	1. 拥挤环境比稀疏环境更容易传播疾病（Jones et al., 2008） 2. 疾病传播的控制还需要遏制人口流动，保持易感人群的社会距离（Ferguson, et al., 2005）
	心理	1. 敌意增加（Kennedy et al., 2009） 2. 自我概念不清晰（Mittal, 2015） 3. 自控能力降低等（Baumeister, Smart, Boden, 1996） 4. 焦虑、愤怒、不安（Evans, Wener, 2007）
	行为	1. 社交退缩行为（Evans et al., 2000） 2. 防御性反应（Felipe, Sommer, 1966; Goffman, 1963; McDowell, 1972, Sommer, Becker, 1969）
营销领域	满意度	降低了顾客对于服务的满意度（Hwang et al., 2012）
	决策思维	1. 低解释水平（Maeng, Tanner, 2013） 2. 风险规避（Lee, Aaker, 2004）
	服务营销	1. 餐饮行业中，消费者具有更加积极的反应（Mehrabian, 1971） 2. 医疗环境中，消费者具有更加消极的表现（Hornik, 1992）
	产品偏好	1. 独特性需求（Xu, Shen, Wyer, 2012） 2. 安全导向型产品（Maeng, Tanner, Soman, 2013） 3. 品牌依赖（Huang et al., 2018）

在第五章第四节中，作者系统梳理了拥挤的相关操控和测量方法。对于拥挤的测量是以动物为研究对象进而推广到人类社会中，有研究者发现在高度拥挤的情况下，人的行为会呈现出与动物行为的高度相似性。近年来，在营销模型研究中，人们开始关注拥挤这一环境变量。作为二手数据的客观变量，通常与社会密度的测量方式相似，人口密度的计算方式通常采用年末常住人口数/地表总面积所得。在行为学研究中，为了测量消费者对社会拥挤的感受，通常采用社会拥挤量表测量。而对于拥挤操控常用在行为学的实验研究中。对于拥挤程度的操控通常采用两种方式：

图片场景操控和真实情境操控。图片场景操控通常需要被试者观察所示图片,想象自己正处在该图片场景中,并且描述该图片的情境及自己的感受。真实情境操控则利用实验室环境,制造真实的拥挤环境,唯一改变的是进入实验室的人数。

对管理者而言,拥挤是一个重要且难以控制的变量。营销人员通常希望在最大化消费者数量的情况下又不引发拥挤带来的负面影响(Harrell,Hutt,1976;Harrell et al.,1980),这对管理者而言无疑是一个巨大的挑战。根据前人对社会拥挤的研究,管理者可以更好地预测不同拥挤程度下消费者的购物模式,从而可以更合理地安排和设计他们的产品以及营销策略(Harrell et al.,1980),理解消费者对拥挤的反应行为能够为营销者创造价值(Babin,Darden,1996;Kim,Srivastava,1995;Kucuk,Maddux,2010)。因此,营销者可以通过创造良好的购物环境来创造价值(Vargo,Lusch,2004),这可以培养消费者对商店的归属感,利用这种归属感来增加消费者对产品或商店的接受程度(Brocato et al.,2015)。

建筑特征和商店环境可以帮助缓解拥挤的感觉(Eroglu,Machleit,1990)。例如调整音乐和温度,可以帮助减少拥挤的感觉。同样,商店的布局和商品的摆放可以减轻空间拥挤的感觉(Machleit et al.,1994)。商店可以雇佣更多的员工和增加收银台数量来处理高峰购物时间出现的大量购物者(Machleit,Eroglu,Mantel,2000;Mehta et al.,2012)。

由于拥挤对社会发展存在着重要影响,拥挤的问题不容忽视。尤其是我国作为人口大国,人口密度的增加会凸显很多社会问题。因此,从心理学、市场营销学等不同视角对拥挤进行研究有着十分重要的现实意义和社会价值。

一方面,根据前人研究,拥挤不仅会引发个体焦虑、过度兴奋、雄性激素分泌减少等一系列消极的生理反应(Alexander,Roth,1970;Calhoun,1962,1971;Christian,Davis,1964),还会导致个体自私行为的增加(Griffit,Veitch,1971),这对于个人健康和社会稳定的影响都是负面的。因此,如何引导处在拥挤的个体排遣消极情绪、减少消极行为格外重要。从消费者行为学的角度看,处在拥挤环境中的消费者与未经历拥挤的消费者相比,更加渴望寻求特性产品或者低风险产品来应对拥挤(Levav,Zhu,2009;Maeng,Tanner,Soman,2013)。因此,企业可以从消费者行为学的角度解决拥挤带来的负面影响。

另一方面,营销人员也可以利用拥挤对消费者带来的变化采取不同的营销方式吸引更多的消费者。前人探讨的拥挤与消费行为之间的关系能够帮助管理者明确人们的消费动机,从而利用不同拥挤水平(如店面人流高峰期VS店面空闲时期)或不同的地点(如市中心繁华地段VS郊区非繁华地段)进行精准营销。

五、数字化背景与个体消费的关系

近年来,数字化在全球经济增长中扮演着越来越重要的角色,以人工智能、互联网、云计算和大数据等为代表的数字技术对人类生产生活的内容和方式产生了深刻影响。特别是在消费领域,数字技术引发了消费内容、方式和理念的新变革,激发了消费能力和消费意愿的双重增长。本书第六章从宏观的数字经济讲起,将其拓展到了数字化营销领域,并分别从数字化转型以及大数据、直播购物和人工智能这三种具体的数字技术在营销领域的具体应用及其对消费者心理和行为的影响进行了深刻分析,从宏观到微观,从现象到本质,从技术应用到消费行为,系统地揭示了数字化环境背景对个体消费决策的影响。

第六章第一节"数字经济与数字化营销"首先对数字经济的内涵和发展历程进行了梳理,从而帮助理解数字经济的本质。数字经济是人类社会发展出的一种新经济形态,其核心是以使用数字化的知识和信息作为关键生产要素。数字经济本身也是人类发展历史上继农业经济和工业经济后出现的重要经济转型。其次,阐述了数字经济的发展如何影响着消费市场的运作机制及其表现。数字经济之所以能够对消费市场产生影响,主要是因为数字经济能够加快推进生产阶段的数字化和智能化、降低交易成本并创造新的消费需求、加快居民消费理念及消费行为转变。基于此,消费市场发生了多方面的拓展升级。人们的消费方式从线下扩展到线上,并形成融合消费;直播电商等新消费模式快速成长;中老年消费群体规模进一步扩大;城乡消费市场发展差距逐步缩小。最后,介绍了数字技术如何直接促进了营销的发展。数字技术不仅为客户和企业创造了直接的经济价值,还通过新的客户体验和客户之间的互动创造了额外的社交价值。

第六章第二节"大数据顾客画像"则着重介绍消费领域大数据的应用。首先,大数据分析对于企业发展的重要性显著提升。在大数据背景下,企业能够轻易获得消费大数据,并通过不同的分析方法将其转化为有价值的信息。其次,消费者大数据的类型包括结构化和非结构化两种,具体的应用主要包括顾客画像和市场预测。最后,充分介绍了顾客画像内涵及关键要素,并介绍了四种具体的画像方法,为有效利用不同类型的消费数据提供了参考。

第六章第三节"数字化转型对消费者行为的影响"则重点关注数字化转型对消费者行为造成的直接影响。首先,消费的内容和模式都出现了新变化,数字消费呈现出内容多元化、虚拟化和个性化的特征,而消费模式也向着网络化和平台化转变。

其次，网络化消费模式引发了线上销售的蓬勃发展，出现了两种特别的消费现象：展厅现象和网络体验。最后，重点分析电子口碑这一数字化对消费者决策所产生的最重要的影响因素之一。相较于传统口碑，电子口碑形式多样、传播迅速且广泛，还能有效激发消费者的在线参与从而增加归属感。电子口碑对消费者的影响是双向的，一方面，消费者被鼓励参与电子口碑的创建过程以获得更高价值；另一方面，消费者自身也会依赖现有电子口碑对产品和服务进行购前评估，直接影响其购买决策。

第六章第四节"直播购物情境下的消费心理"则聚焦于网络直播购物这一当下的热点，具体分析了直播购物模式的本质特征及其对消费者心理和行为的影响。一方面，相较于传统电商和电视购物，直播购物具有可视性、互动性、真实性和娱乐性等特征，其本质是电商与直播的结合，是电视购物与电子商务在新媒介技术下演变融合的结果，能更好地引导消费者参与，架设更多消费场景。另一方面，直播电商通过场景构建，结合社交属性，能从信息处理、临场感知和直播场景感知三个方面对消费者心理与行为造成直接影响。

第六章第五节"人工智能与消费满意度"将数字化环境拓展到了人工智能领域，关注其对消费满意度的影响。首先，对人工智能的发展概况进行了梳理和介绍。人工智能技术就是用人工的方法让机器或计算机能够模拟人的智能，在服务领域，随着智能的复杂程度一共分为机械、分析、直觉和移情智能四类，其中前两者最为常见。其次，个体差异、使用体验和隐私担忧是直接影响消费者使用人工智能的重要因素。最后，在服务领域，智能客服是人工智能技术的具体化身，能够在客户体验、市场水平和社会水平三个层面产生不同于人工客服的影响，而满意度则是智能客服服务的直接结果，并且智能客服的拟人化程度能在其中起到一定作用。

第二章　自然地理环境与消费决策

第一节　自然地理的分类与维度

一、自然地理环境概述

地理环境是指人类和其他生物赖以生存的地球表层的情况，是构成地表各种条件的地理要素的总称，可分为自然地理环境、经济地理环境和社会文化环境三大类（伍光和 等，2008）。根据研究内容，地理学可以分为自然地理学和人文地理学：自然地理学注重研究自然环境的形式与活动；人文地理学则更关注文化和建筑环境。在自然地理研究中，地球通常被分为多个圈层，例如大气圈、岩石圈、水圈、土壤圈、生物圈（黄锡畴，1996）。自然地理环境就是由这些自然地理圈层组成的有机整体，每一个圈层都作为整体的一部分与其他圈层相互联系和作用，某一圈层的变化会导致其他圈层甚至整体的改变。

根据人类影响程度的差异，自然地理环境又可以分为两大类（伍光和 等，2008）。第一类为天然环境或原生自然环境，这是指只受过人类间接或轻微影响且原有自然面貌未发生明显变化的自然地理环境，例如原始热带雨林、极地、某些自然保护区等人类活动较少的地区。第二类是人为环境或次生自然环境，这是指原有自然面貌在人类直接影响或长期作用之后发生重大变化的自然地理环境，例如农村、城镇、放牧草场和采育林地等人类活动较多的地区。虽然人为环境受人类活动的影响程度较高，但其本身的演变和作用过程仍然受制于自然规律。因此，天然环境和人为环境都归属于自然地理环境。值得注意的是，自然地理环境、经济地理环境和社会文化环境并不是相互独立的，它们在地域上和结构上相互重叠、相互联系，从而构成统一整体的地理环境。

二、自然地理环境的差异性

虽然自然地理环境是一个有机整体,但不同地域单元的自然地理环境存在着不同程度的差异,这被称为地域分异。较大尺度上的地域分异表现出纬度地带分异规律、干湿度地带分异规律和垂直地域分异规律(杨国栋,尚炜,2008)。

(一)纬度地带分异规律

纬度地带分异是指受太阳辐射带来的热量从低纬度地区(赤道)向高纬度地区(两极)逐渐减少的影响,自然地理环境沿着纬度变化的方向形成有规律的地域分异。这种分异表现在自然带东西延伸,南北分异,在高纬度和低纬度地区表现尤其明显,例如高纬度地区的苔原带、低纬度地区的热带雨林带都横穿了整个大陆。

(二)干湿度地带分异规律

干湿度地带分异是指在同一纬度地带内,自然地理环境从沿海向内陆形成有规律的地域分异。这种地域分异规律是由水分条件不同导致的,沿海和内陆地区受海洋水汽影响不同,干湿状况差异很大。干湿度地带分异在中纬度地区较为明显,例如中纬度地区大陆东岸为亚热带常绿阔叶林带、温带落叶阔叶林带与针阔混交林带;中纬度地区大陆西岸为亚热带常绿硬叶林带、温带落叶阔叶林带;中纬度地区大陆内部为亚热带和温带荒漠带、温带草原带。

(三)垂直地域分异规律

垂直地域分异规律是指在一定高度的山区,山麓到山顶的自然地理环境会出现逐渐变化更迭的现象。这是因为随着海拔高度的上升,水热条件会出现变化。山麓的自然带基本与当地水平自然带相一致,垂直自然带谱则与山地所在纬度向高纬度方向的水平自然带谱相似,因此,山地所在纬度越低、海拔越高,垂直自然带数目越多,垂直自然带谱越完整。同一山体的垂直自然带存在阴坡和阳坡的差异,例如珠穆朗玛峰南坡的自然带就比北坡丰富。

三、自然地理环境的分类

(一)纬度

纬度是地球上重力方向的铅垂线与赤道平面的夹角,纬度相同的连线形成与赤道平行的大圆。赤道的纬度为0°,北极的纬度为90°N,南极的纬度为90°S。根据太阳的直射范围，23°26′N 被称为北回归线，23°26′S 被称为南回归线。纬度数值在 0～30°的地区称为低纬度地区；30～60°的地区称为中纬度地区；60～90°的地区称为高纬度地区。

（二）气候

根据太阳高度和昼夜长短随纬度的变化，亚里士多德曾以南北回归线和南北极圈为基础，将自然地理环境简单划分为热带、南温带、北温带、南寒带和北寒带，这五个气候带也被称为天文气候带。热带的特点是全年高温，只有相对热季和凉季之分；温带的特点是太阳高度和昼夜长短的变化非常显著，具有四季分明的特征；寒带的特点是地球表面气温最低的地带，会出现极昼和极夜的现象。然而，同一纬度带的地区由于大气环流、海陆分布、洋流等因素也会呈现出不同的气候特征，因此自然地理环境又被细分为多种气候类型。其中，热带地区包含热带雨林气候、热带草原气候、热带季风气候和热带沙漠气候；亚热带地区包含亚热带季风气候和地中海气候；温带地区包含温带季风气候、温带大陆性气候和温带海洋性气候；寒带地区包含苔原气候、冰原气候等极地气候；此外，高海拔地区还存在高山气候。

（三）植被

植被是地球表面某一地区所覆盖的全体植物群落的总称，受到光照、温度、降水、土壤等多种环境因素的影响。从全球范围上来看，地球上的植被带与气候带、土壤带是相互平行、彼此对应的，存在纬度地带性、干湿度地带性和垂直地带性分布规律。热带地区的植被分为热带雨林、热带季雨林、热带草原、热带荒漠；亚热带地区植被分为亚热带常绿硬叶林和亚热带常绿阔叶林；温带地区植被分为温带落叶阔叶林、亚寒带针叶林、温带草原和温带荒漠；寒带地区植被分为苔原和极地冰原。

（四）海陆分布

地球表面由七大洲（亚洲、欧洲、北美洲、南美洲、非洲、大洋洲、南极洲）和四大洋（太平洋、印度洋、大西洋、北冰洋）组成。根据海陆分布特征，陆地可以被分为大陆、半岛、岛屿和海峡；根据与海洋的距离，陆地可以被分为沿海地区和内陆地区。海陆热力性质的差异使得内陆地区的昼夜温差比沿海地区更小。此外，相比于陆地，海洋在夏季呈现出气温低、气压高的特点，冬季则相反。在海陆热力性质的差异和气压带风带的季节性移动的共同作用下，大陆和海洋之间大范围的、随季节有规律改变风向的季风便出现了（华文剑，陈海山，2012）。东亚是季风环流最典型的区域，夏季以从海洋吹往陆地的东南风为主，特点为暖、湿，冬季以陆地吹往海洋的西北风为主，特点为冷、干。此外，由于海洋上的暖湿气流更容易进入沿海地区，所以沿海地区的降水量也比内陆地区更高。

（五）地貌

地貌，或称地形，是指地球硬表面由地貌营力共同作用而成的地表形态。地貌营力分为内营力和外营力：地貌内营力是指地球内部能量所产生的作用力，包括地壳运动、岩浆活动和地震等；地貌外营力是指太阳辐射能通过大气、水、生物等以风化作用、流水作用、波浪作用等形式表现的力（伍光和 等，2008）。地貌类型的划分常采用形态和成因相结合，由大到小逐级分类的原则，最高级地貌类型是大陆和海洋盆地。第二级地貌类型是大面积的山地和平原、海底山脉和海底平原。其中，山地是山岭、山间谷地和山间盆地的总称。按照绝对高度，山地可分为极高山（>5 000 m）、高山（3 500～5 000 m）、中山（1 000～3 500 m）和低山（500～1 000 m）四类（李炳元 等，2013）。丘陵是则山地与平原间的一种过渡性地貌类型，不受绝对高度限制，但相对高度一般不足 100 m，例如江南丘陵、黄土高原丘陵。

平原则是一种广阔、平坦、地势起伏很小的地貌形态类型，因海拔高度高低不同可以分为低平原（<200 m）和高平原（200～500 m）两类。低平原地势平缓，切割深度和切割密度均很小，我国的低平原以长江中下游平原为代表。高原地势较高，切割相对强烈，我国的高平原以云贵高原为代表。依据内外营力差别，平原还可分为熔岩平原、喀斯特平原、冲积平原和海成平原。此外，平原内部经常包括多种次级地貌类型，例如冲积平原上有河床、河漫滩、自然堤、河间洼地、决口扇和三角洲等。当平原四周被山地环绕时，平原及面向平原的山坡便组成了盆地这一地貌（如表 2-1 所示）。

表 2-1 大陆地貌类型的划分

第一级地貌	第二级地貌	第三级地貌
大陆	山地	极高山（>5 000 m）
		高山（3 500～5 000 m）
		中山（1 000～3 500 m）
		低山（500～1 000 m）
	平原	丘陵
		低平原（<200 m）
		高平原

资料来源：李炳元 等（2013）。

第二节 敬畏感驱使的消费心理

一、敬畏感的定义与内涵

(一) 敬畏感的起源

敬畏感的起源可以追溯到原始社会,当时落后的生产力使得原始人类几乎完全以自然界中的水和食物为生。因此,洪水、干旱、雷电等自然灾害会对人类的生存造成巨大威胁。在此前提下,原始人类便认为是神灵操纵着这些能够影响人类生死的自然现象,并将其视为绝对权威、向其祈求庇佑,这就是最原始的敬畏的来源。在历史的演进中,这种敬畏逐渐转向人类社会的权威领导者。因此,原始敬畏表现为对权威与权威领导者的服从体验,这种服从体验在人类社会发展过程中能在一定程度上起到巩固社会阶层、维持社会稳定的作用,对人类生存具有适应性功能(董蕊 等, 2013; Keltner, Haidt, 2003)。

在中文语境中,敬畏感最早的出处是孔子提出的"三畏",即"君子有三畏:畏天命,畏大人,畏圣人之言"。在此之后,历代儒家学者在继承孔子这一思想的同时对其进行发展,逐渐用"敬畏"代替了"畏"(任剑涛, 2008),强调人类行动必须敬畏自然秩序(畏天命)、社会秩序(畏大人)和人心秩序(畏圣人之言)。也就是说,中文语境下的"敬畏"不是简单的害怕,而存在因敬而畏的潜在因果关系,是由于敬重而进行自觉自律自省自我约束,是一种道德自律(王晓丽, 2009)。在西方语境中,宗教则是敬畏感的主要来源,基督教认为人生来带有原罪,应当怀有敬畏之心,对上帝虔诚,谨言慎行,以期洗涤原罪。十八世纪,爱尔兰哲学家埃德蒙·伯克提出了崇高(Sublime)这一概念并将其定义为由文学、诗歌、绘画和风景所产生的思想的扩展和心灵的浩大的感觉(Burke, 1757)。在这之后,对于敬畏感的研究呈现出了一些相反的观点。例如 Ekman (1992) 认为可以将敬畏视作一种独特的情感,而 Lazarus (1991) 则把敬畏描述为一种取决于刺激情境、可能是积极的也可能是消极的模糊的状态。虽然中西方文化中敬畏的起源不同,但无论是从东方人学的角度,还是从西方神学的角度,敬畏都是为了维护向善的人心秩序与正当的社会秩序(任剑涛, 2008)。

(二) 敬畏感的定义

相比于其他情绪,心理学界对与敬畏感(Awe)的研究开始得较晚。Keltner 和

Haidt（2003）首次将敬畏感视为一种独特可分离的情绪并将其定义为当个体面临宏大、新奇、复杂等无法用已有的认知图式进行解释的事物或场景时，所产生的一种混合震惊、顺从、困惑和好奇等多种感受的复杂情绪体验。在此基础上，Keltner 和 Haidt（2003）提出了敬畏的两个核心要素，即感知上的浩大（Perceived Vastness）和顺应的需要（Need for Accommodation）。感知上的浩大是指能够挑战个体在某些维度所习惯的参考框架的刺激物，这既可以是物理层面上的浩大，也可以是社会层面上的浩大，例如巨大的雕塑和有威望的领导者；顺应的需要则是指个体尝试更新或创造新的图式来理解当下所面对的刺激物的过程（Shiota et al.，2007）。此外，敬畏感还可能伴随着五个附属维度：威胁（Threat）、美（Beauty）、超能力（Exceptional Ability）、美德（Virtue）和超自然（Supernatural）。而 Shiota 等（2007）则发现感受到敬畏的个体会用更普遍的术语来定义自己，例如"一个地球上的居民"，这一发现证明了敬畏的自我消减（Self-diminishing）性质，也被称为小我感知（Small Self，Piff et al.，2015）。总的来说，敬畏已经开始被认为是一种独特而强大的情感，目前的大部分研究都显示了敬畏感在人们的思想、生活方式和行为中的积极作用。

二、敬畏感的操纵方式与测量

（一）敬畏感的诱发源

作为一种复杂的情绪，敬畏感可以由多种不同的诱发源所诱发，按照诱发源性质的不同，可以分为客观事物诱发源、社会角色诱发源和个体认知诱发源三个大类（Keltner，2003）。

1. 客观事物诱发源

客观事物诱发源可以分为自然事物和人造事物两类（Keltner，Haidt，2003）。其中，能够引发敬畏的自然事物包括壮丽的自然风景（例如高耸的山脉和浩瀚的大海）、体型巨大的动物（例如鲸鱼和恐龙）以及具有较大影响范围或影响后果的自然现象（例如台风和地震）。此外，具备无限性特征的景观也往往能诱发个体的敬畏感，例如无边的原野，甚至是无限小的不能用肉眼观察的物体组成物（叶巍岭 等，2018）。人造事物诱发源则通常包括艺术作品（例如绘画和音乐）和人造景观（例如雕塑作品和超大建筑）。此外，一些特殊的产品也可以引发个体的敬畏感，例如 3D 打印机、民族服装和苹果手机等（Guo et al.，2018）。

2. 社会角色诱发源

由于某些高权威个体拥有大量社会经济、文化和组织资源，这类高权威的社会角色也会成为敬畏感的诱发源（叶巍岭 等，2018）。例如宗教中的神灵、社会团体的领袖和著名人物等。Keltner 和 Haidt（2003）认为，之所以某些具有代表性的科学家、商业领袖和艺术家也会引发个体敬畏感，是因为这类社会角色所做的事情超越了普通人的人生。

3. 个体认知诱发源

认知层面的诱发源需要具备两个特征：普通、平凡的事物突然变得与众不同以及这种认知体验在精神层面对个体产生根本性的影响（Keltner，Haidt，2003）。这两个特征对应了敬畏的两个核心要素，即感知上的浩大和顺应的需要。爱因斯坦的相对论可以作为认知层面诱发源的代表。

（二）诱发敬畏感的方法

在实验研究中，诱发敬畏情绪主要是通过回忆任务、观看任务、阅读任务和实景体验这四种方法来进行的。

1. 回忆任务

这类方式是实验研究中最常见的操纵方式之一，研究人员往往会提供给被试一个关于敬畏感的定义，例如"敬畏是对巨大的和令人震惊的事物的一种反应"，随后，被试会被要求写下一段自己感受到敬畏的经历（Rudd et al.，2012）。此外，也有先向被试提供一个特定的指导语，引导被试回忆并书写一段引发自身敬畏感的特定经历的操纵形式，例如要求被试回忆看过的美好壮丽的自然景观（Van Cappellen，Saroglou，2010）。

2. 观看任务

在这类任务中，诱发敬畏感的刺激物包括图片、视频和虚拟现实（VR）等形式。在内容上，刺激物可以是震撼的自然景观（Van Cappellen，Saroglou，2010），例如深不可测的峡谷；也可以是人造的建筑景观（Joye，Dewitte，2016），例如金字塔。对于激发和研究高强度的敬畏感，Chirico 等（2016）认为 VR 具有独特的优势，这是因为 VR 传达的现场感可以让被试沉浸在刺激物中，并由此引发强烈的情绪反应。

3. 阅读任务

该类任务的代表方式是让被试阅读一段故事，并要求被试把自己想象成故事的主人公的操纵方式，例如 Rudd 等（2012）让被试阅读了一个关于爬上埃菲尔铁塔并站在塔顶俯瞰巴黎的故事。而 Zhou（2016）则利用《时代》杂志的广告语"当时间（《时代》）说话时，全世界都在听（When the *TIME* speaks, the world listens）"

来诱发个体的敬畏感。由于敬畏感需要丰富的信息刺激引发,目前采用这种方式的研究数量仍较少。

4. 实景体验

实景体验是指在真实的现实环境中诱发被试的敬畏感,这类操纵方式对于提高敬畏感相关研究的生态效度具有重要意义。例如 Shiota 等(2007)在被试不知晓目的的情况下使其路过一个展览着霸王龙骨架模型的一个大厅,这个模型 12 英尺①高、25 英尺长,重约 5 吨。Piff 等(2015)则要求被试在校园内的塔斯马尼亚桉树林中抬头仰望,这些桉树高达 200 英尺,是北美洲最高的硬木树种之一。

(三)敬畏感的测量方法

1. 特质性敬畏感的测量

与其他情绪类似,敬畏感除了被情境性诱发外,还可以是一种特质性的状态,这种特质性的敬畏水平在人与人之间会存在差异。例如人格特质更开放(Shiota et al.,2006)、与自然连接感更强的个体(Mayer,Frantz,2004)更容易体会到敬畏情绪。Shiota 等(2006)将敬畏作为积极情绪的一种编制了测量特质敬畏水平的量表(Dispositional positive emotion scale,DPFS),该量表包含 7 个分量表。其中,敬畏情绪分量表共有 6 个测项,分别是:1)我经常感到敬畏;2)我周围充满美好;3)我几乎每天都感到惊奇;4)我经常在周围事物中寻找参照对象或模范;5)我有很多机会看到大自然;6)我寻求会改变我对世界的理解的体验,但这份量表的信度和效度未被有效验证(董蕊 等,2013)。

2. 情境性敬畏感的测量

在实验研究中,完成诱发敬畏感任务的被试往往会被要求使用李克特量表报告他们当时的情绪状态,除了敬畏情绪外,还包括其他典型情绪,例如高兴、生气、悲伤、平静、兴奋等(Rudd et al.,2012;Zhou et al.,2016)。这种方式可以排除其他情绪的作用。此外,也有一些研究通过测量敬畏情绪的核心要素来检验操控的效果。例如 Shiota 等(2007)测量了敬畏情绪中的惊奇(Amazement)、惊讶(Astonishment)和钦佩(Impressed);lbanez 等(2017)测量了敬畏情绪中的惊奇(Amazed)、目眩(Dazzled)和入迷(Fascinated);van Elk 等(2016)测量了敬畏情绪中的美(Beauty)、统一性(Oneness)、自我超越(Self-transcendence)、空间感与时间感的丧失(Loss of the Sense of Space & Time)、连接感(Connectedness)、

---

① 1 英尺约等于 30.48 厘米。

钦佩（Impressed）以及审美体验（Aesthetic Experience）；Gordon 等（2017）则测量了敬畏情绪中的惊讶（Wonder）和惊奇（Amazement）。在研究过程中，由学者发现个体感受敬畏情绪的能力存在差异，这可能是个体在认知模版的弹性（Shiota et al.，2007）和自我反思能力（Sundararajan，2009）上存在差异。

三、敬畏感对消费行为的影响

（一）亲社会行为

亲社会行为（Prosocial Behavior）是指对社会有积极影响或者对他人有益处的行为，包括向他人进行捐赠、帮助他人、与他人合作和与他人分享等行为。多项研究显示，敬畏感会对个体的亲社会行为起促进作用，这是因为敬畏感产生的小我感知会使个体将注意力从自己转移到他人，更加关注他人的利益（Piff et al.，2015）。例如在金钱合作游戏中，被诱发敬畏感的被试会更加慷慨；愿意分配给他人更多的抽奖券或更高的金额（Piff et al.，2015）。而 Rudd 等（2012）则发现相比于快乐情绪，诱发敬畏情绪的被试在时间压力任务下会认为时间更加充分，因此扩展的时间感知使得个体更愿意在慈善团体中投入时间。但在金钱捐赠上，敬畏感组的被试并没有显示出更高的捐赠意愿。尽管如此，也有研究发现，敬畏感使得个体更愿意给非政府型环境组织进行捐赠（Lbanez et al.，2017）。Prade 和 Saroglou（2016）的研究则证明了在日常场景中，敬畏感使得个体更愿意帮助面临困难的人。

在关注他人的同时，敬畏感还会使个体对道德规范更加敏感（Piff et al.，2015）。在能够诱发敬畏感的旅游景区中（例如稻城亚丁），游客的行为更加合乎道德，出现逃票、乱扔垃圾等不文明行为的可能性降低。此外，敬畏感还会使个体的道德判断更加严格（卢东 等，2016）。

（二）亲环境行为

亲环境行为（Pro-environmental Behavior）实质上是亲社会行为的一种特殊形式，是指能够改善环境质量和降低环境伤害的行为（Scannell，Gifford，2010），可以分为公领域亲环境行为和私领域亲环境行为两类（Hunter et al.，2004）。公领域亲环境行为是指个体在环保活动中的参与程度；私领域亲环境行为则是个体在日常生活中所表现出来的与环保有关的生活态度与方式。在自我超越的作用下，被诱发敬畏感的个体会提高对于外界与周围环境的关注（Prade，Saroglou，2016）。孙颖 等（2020）通过三个实验证明了敬畏感能显著提升个体在公领域和私领域的亲环境行为倾向；Wang 等（2019）则发现敬畏感能够提升个体对自然的心理所有权，并提升个体的绿色行为倾向。

（三）物质主义倾向

由于敬畏感具有自我超越的特征，被诱发敬畏感的个体会更不在意日常生活中的琐事，进一步地，这会降低个体的物质主义倾向（Jiang et al.，2018）。例如 Lasaleta 等（2014）的研究表明：相比于其他情绪，敬畏组的被试在衡量金钱重要性的量表上的得分显著降低，而这还会使个体更不愿意付出努力来获得金钱。Rudd 等（2012）则发现在同一价格的前提下，处于敬畏情绪中的个体更偏好体验型消费（例如百老汇门票）而不是物质型消费（例如手表）。辛志勇等（2021）则证明了敬畏感可以提升小我水平，进而降低个体的炫耀性消费倾向。

（四）产品选择偏好

除了上述内容外，营销领域的学者们还进一步探索了敬畏情绪对于消费者产品选择偏好的影响。Rudd 等（2018）的研究发现，敬畏感通过提升消费者的学习意愿会激励其参与到体验式创造活动中，例如相比于获得一个预制的零食，消费者更偏好创造一个定制的零食。在食品选择上，Cao 等（2020）发现，相比于其他情绪，处于敬畏情绪下的个体更倾向于分析性处理（Analytic Processing），这会增加消费者对于健康食品的偏好。此外，曹菲和王霞（2018a）指出，敬畏情绪会提升消费者的自我不安全感，这会进一步削弱消费者的多样化寻求行为。基于补偿性消费行为理论，敬畏情绪还会使消费者更加偏好有边界的品牌标识（曹菲，王霞，2018b）。景奉杰和胡静（2020）则发现诱发消费者的敬畏感可以有效提升社会联结水平并提升消费者的从众消费意愿；社会联结对敬畏情绪与从众消费之间的关系起到了部分中介作用。

（五）消费者-品牌关系

作为一种高唤醒水平的积极情绪，敬畏感可以促进信息内容的传播（Berger，Milkman，2012）。此外，诱发消费者敬畏感的产品能够使消费者对产品和品牌信息留下更深的记忆，进而提升消费者的购买意愿（Guo et al.，2018），例如美丽的珠宝和飞驰的跑车。在旅游领域，自然环境或宗教氛围组成的环境因素能诱发消费者的敬畏感，这会提升游客的满意度、口碑推荐意愿以及重游意愿（田野 等，2015）。由于倾向的转变，敬畏感还会增加消费者与亲社会品牌的连接（Williams et al.，2018）。周巧和王丽丽（2020）则发现，相比于软广告，敬畏感会使得消费者在硬广告的影响下购买意愿更高。此外，费显政等（2021）的研究验证了敬畏感使得消费者有更高的顺从感并降低了说服消费者的难度。

第三节　气象对消费行为的影响

一、气象心理学概述

（一）气象心理学的研究范围与内涵

大气层（Atmosphere）是指因引力作用包围在地球最外部的气体圈层，可分为对流层、平流层、中间层、电流层和散逸层，总厚度高达 1 000 千米以上。大气层在防止空气外溢和热量散失、抵御紫外线和宇宙辐射同时，还展现出丰富多彩的气象变化。根据时间跨度的长短，气象学研究将大气现象划分为短期的天气和长期的气候（王琰，陈浩，2017）。天气是指某一个地区距离地表较近的大气层在某一瞬间或某一短时间内大气状态（例如气温 T、气压 P、水汽压 e 等）和大气现象（例如风、云、雾、降水等）的综合，具有较高的多变性；气候则是通过对天气要素的长期观察和测量所获知的某一个地区在较长时间段内大气物理特征的平均状态，世界气象组织规定，30 年记录为得出气候特征的最短年限，因此与天气不同，它具有稳定性，时间尺度为月、季、年、数年到数百年以上，主要的气候要素包括气温、降水和光照等（Strahler，Strahler，2004）。气象环境条件是组成人类生活环境的重要因素，气象条件及其变化不仅会影响个体的生理健康，还会影响个体的心理与行为。因此，涵盖天气和气候两大类大气现象、探索气象如何作用于人类个体和群体的心理与行为乃至文化特征的各种的气象心理学研究，引起了包括心理学、气象学甚至管理学等各学科的关注，逐渐成为一个热点研究话题。

（二）我国气象心理学的起源与发展

早在殷商时期，人们就开始利用甲骨文来记载气象变化，例如出土的殷代甲骨文卜辞中就有风、云、虹、雨、雪、霜、霞、龙卷、雷暴等气象文字记载。《周易·乾卦·文言》中有言："夫'大人'者，与天地合其德，与日月合其明，与四时合其序，与鬼神合其吉凶。"此处的"天地""日月""四时"都与气象有着密切的联系的概念。先秦时期，管仲在《形势解》中说，"起居时，饮食节，寒暑适，则身利而寿命益。起居不时，饮食不节，寒暑不适，则形体累而寿命损"，强调了个体应当起居有时、与寒暑相应，是气象对于个体生理影响的朴素认知。中国传统医学典籍《黄帝内经》则更为深入地探讨了天气与个体生理的关系，《四时刺逆从论篇第六十四》中有言:"是故春气在经脉,夏气在孙络;长夏气在肌肉,秋气在皮肤,冬气在骨髓中""春者天气始开,地气始泄,冻解冰释,水行经通,故人气在脉。夏者经满气溢,入孙络受血,皮肤充实。长夏者,经络皆盛,内溢肌中。秋者天气始收,腠理闭塞,皮肤引急。冬者,盖藏血气在中。内着骨髓,通于五脏。"这一论述将四季景观变化与人体相联系,成了古代中医的基础理论之一。此外,《黄帝内经》还探讨了气象对于个体心理的影响,例如"苍天之气,清净则志意治"意为当天气清净,人的心境也平和;"人以天地之气生,四时之法成"则强调了人应当适应四时阴阳的变化规律。

《吕氏春秋》中的"大寒、大热、大燥、大湿、大风、大霖、大雾,七者动精则生害矣"则强调了极端天气对于个体生理和心理的危害。汉代思想家、哲学家董仲舒为了论证其"天人感应"学说,撰写了著名的《春秋繁露》。此书包含了大量对于气象和个体心理与行为关系的猜想,例如"春,爱志也,夏,乐志也,秋,严志也,冬,哀志也,故爱而有严,乐而有哀,四时之则也。喜怒之祸,哀乐之义,不独在人,亦在于天;而春夏之阳,秋冬之阴,不独在天,亦在于人"。展现了四季变化对个体心理的不同影响。此外,《淮南子》中的"圣人法天顺情,不拘于俗,不诱于人,以天为父,以地为母,阴阳为纲,四时为纪。天静以清,地定以宁,万物失之者死,法之者生"和"夫精神者,所受于天也;而形体者,所禀于地也",《梦溪笔谈》中的"医家有五运六气之术,大则候天地之变,寒暑风雨,水旱瞑蝗,率皆有法;小则人之众疾,亦随气运盛衰"都体现了古人对于气象与个体心理变化之间的关系具有丰富的认识。

(三)西方气象心理学的起源与发展

在古希腊时期,西方医学之父希波克拉底认为:人的身体由土、气、水、火四种元素组成,每种元素都代表四种基本特性(干、湿、冷、热)中两种特性的组合,土为干冷、水为湿冷、气为湿热、火为干热。这四种元素和人体中的黑胆汁、黄胆汁、血液和黏液相对应,气象变化会影响这四种液体的比例、能量和体积,一旦失衡便会形成疾病。在《论空气、水和所在》(*On Airs, Waters, and Places*)中,希波克拉底提到,准确地研究医学需要考虑四季的特征,冷风、热风、水的性质,以及城邦的地理位置。

法国启蒙思想家孟德斯鸠则在《论法的精神》中就气候对个体心理以及社会的影响进行了深入探讨。他认为,民族个性特征是由气象来造就的,由于冷热空气对人体外部纤维末端的刺激程度不同,寒冷地区的居民有更加充沛的精力、更高的自信和勇气水平，而炎热地区的居民则更加怯懦、缺少力量，当寒冷地区（如欧洲）的居民搬迁到炎热地区（如印度）时，其个性特征根据气候的变化也会产生相应的变化。此外，社会精神、个体对于情绪的感知也会受到气候的影响。寒冷地区的居民虽然体格更加健康魁梧，但是他们对于快乐的感受程度更低，对于疼痛的感觉更加迟钝，与此同时，他们更加热爱能使人精神焕发的事物，例如狩猎、旅行、战争和酒精。与之相对应的是，温暖地区的居民体格虽然纤细脆弱，但是他们对于快乐的感受程度更高，有着更加敏锐的感知力。例如对于同一歌剧剧目，相比于活跃的意大利观众，英国观众的反应更加冷漠迟缓。20世纪70年代左右，西方学者开始就气象对个体心理与行为的影响进行科学性的探索研究（Cunningham，1979）。此后，研究者从天气、温度、湿度、日照等不同气象要素出发，陆续发现它们对于个体的生理、心理与行为都会产生显著的影响（Denissen et al.，2008；Klimstra et al.，2011）。由此，气象心理学逐渐朝着成熟的学科迈进。

二、气象对于个体心理的影响

（一）天气对于个体心理的影响

1. 天气与个体情绪

总的来说，适宜的天气对个体的情绪会产生积极作用，恶劣的天气则与负面情绪正相关。在心理学研究的早期，这一共识曾作为使用晴天和雨天操纵积极和消极情绪的理论基础（Schwarz，Clore，1983）。在晴天，个体积极情绪的总体水平较高；在雨天，个体容易处于较为消极的情绪中，相对而言更加焦虑、紧张和害怕（Hsiang，Burke，Miguel，2013）。进一步地，有学者发现，充足的光照时间可以显著降低个体的负面情绪（Denissen et al.，2008；Hirshleifer，Shumway，2005）。从生理层面上来说，阳光照射会提高人体血清素水平（Lambert et al.，2003），而血清素水平的上升会使个体的心情更加愉悦。

除光照外，过高温度（Anderson et al.，1996；Baron，Bell，1976）、过低温度（Anderson et al.，1996）、高PM 2.5指数（Van Tilburg et al.，2018）与个体负面情绪正相关；高气压水平（Keller et al.，2005）、较强的光照强度（Kööts et al.，2011）则与个体的正面情绪有正相关关系。然而，天气要素对个体情绪的影响也会受到个体户外活动时间长度的调节。当天气条件适宜时，户外活动时间越长，天气与个体情绪之间的正相关关系更强；当天气条件较为恶劣时，户外活动时间越长，天气与个体情绪之间的负相关关系更强（Keller et al.，2005；Kööts et al.，

2011）。此外，天气对情绪的影响还存在着较大的个体差异。高神经质个体的消极情绪水平受天气的影响较大，而高开放性个体的疲劳程度受天气影响较小（Kööts et al.，2011）。Klimstra 等（2011）则将个体分为夏天偏好者、夏天憎恶者、雨天憎恶者和不受影响者四类，对于天气的情绪反应可以由个体所在的类别进行推测。

2. 天气与个体认知

个体的认知过程也会受到天气的影响，有研究发现恶劣的天气条件会对个体记忆、学习和空间视觉能力的认知产生损害（Michalon et al.，1997）；Mahoney 等（2007）的研究证实，严寒天气会消耗被试的中枢儿茶酚胺，从而引发认知失调。然而，适宜的天气要素并不一定能产生正向作用，Lee 等（2014）通过多个实验证明，相比于晴朗、可见度高和气温适宜的天气，相对恶劣的天气会降低认知干扰从而提高个体的工作效率。Forgas 等（2009）的研究发现，相比于晴天，被试在阴雨天里虽然负面情绪更多，但却展现出了更精确的记忆力和辨析能力。Cheema 和 Patrick（2012）则通过一系列认知任务探索了温度与个体认知水平的关系，他们发现个体在 25 ℃ 的环境中的认知表现要比 19 ℃ 的环境低 50% 左右，这可能是因为在高温天气，体温管理消耗了更多的葡萄糖，从而使个体更加依赖直觉系统。

（二）气候对于个体心理的影响

1. 气候与个体心理

稳态（Homeostasis）是指人体通过荷尔蒙、神经递质和神经反射三个主要机制调节内环境所维持的相对稳定状态。在论证气候对于个体心理的影响时，Tavassoli 提出了心理稳态（Psychological Homeostasis）这一概念，强调除体温等生理指标外，人体还要在暴露于外部环境时维持荷尔蒙和神经递质的平衡，从而使自身的刺激水平处于最佳状态（Parker，Tavassoli，2000；Tavassoli，2009）。当环境中刺激水平过低时，个体会寻求刺激以提高刺激水平；反之则相反。因此，气候的差异引发的个体心理稳态偏移会导致个体进行与情绪和唤起相关的行为。例如在年日照量较低的地区，个体的季节性情感障碍发病率（Kegel et al.，2009）和自杀率（Lambert et al.，2003；Terao et al.，2002）均处于较高水平；气候与正常降水量和正常气温偏离越大，人类面临冲突的可能性越高（Hsiang et al.，2013）。McCrae 等（2007）开展的跨国研究则证明了温暖的气候更容易塑造出温厚亲和、爱好社交的人格特征。

2. 气候与群体文化

由于集群效应，气候引发的个体心理特质和行为上的差异会形成地区上的宏观文化取向。Hofstede（2001）在综合多个国家的研究数据后认为，相比于温暖地区，寒冷地区的居民更倾向于发展出个体主义文化，这是因为他们的居家时间更长、社会交往频率更低。此外，气候也会影响的地区文化的松紧程度（Cultural Looseness and Tightness）。容易发生自然灾害的恶劣气候地区更容易形成"紧文化"，这是因为在自然灾害的威胁下，不遵循行为规范会对自身和所属群体产生较大威胁；与之相反，气候适宜地区则更容易发展出"松文化"，鼓励个体发挥主观能动性。此外，气候会塑造颜色的情感意义，例如 Jonauskaite 等（2019）的大型跨国研究显示，居住在离赤道较远和多雨国家的被试更容易将黄色与快乐联系起来。

三、气象对于消费者行为的影响

（一）亲社会与攻击性行为

1979 年，Cunningham（1979）通过跨越春、夏、冬三个季节的研究发现，助人行为在日照强度较高的天气里发生的频率更高。在这之后，Guéguen 和 Lamy（2013）在田野实验中比较了晴天和阴天的自发助人行为比例，研究结果显示，个体在晴天更愿意他人提供帮助。与之类似的是，空气污染会增加个体焦虑感，从而引发更多的犯罪和不道德的行为（Lu 等，2018）。此外，也有学者指出，高温和低温都会引发个体愤怒和敌意心理，甚至会导致个体的攻击行为（Anderson et al.，1996）。

（二）金融投资行为

通过对全球多个国家和地区、不同时间颗粒度的面板数据的分析，多位学者发现气象要素对股票市场的收益会产生重要影响。在晴朗的天气条件下，由于投资者对未来的评价更为积极乐观，股票收益会显著增加，阴天的股票收益则会显著下降，这一关系在夏季最为明显（Hirshleifer，Shumway，2005）。也有研究指出，气象要素对股票收益的影响主要发生在开市的时间段内（Chang et al.，2008）。在温度方面，如果温度略偏离均值，股票的收益相对较高（Cao，Wei，2005；Novy-Marx，2014），但在极端高温和低温下，股票的收益反而会下降（Chang et al.，2008）。此外，良好的气候环境会增加人们对于风险的容忍度进而增加消费者的投资行为（Bassi，Colacito，Fulghieri，2013）。

（三）产品选择偏好

根据自身认知理论，低温环境下的个体会因为生理上的寒冷而更渴望心理上的温暖，因此消费者会更加偏好浪漫电影（Hong，Sun，2012）。当处于温暖环境下时，消费者更容易出现从众行为，这是因为环境的温暖使得消费者对他人的亲近感水平更高，这会提高他人意见的可靠程度感知（Huang et al.，2014）。此外，有研究表明，令人不快的天气条件会使消费者增加享乐型消费，这一效应在女性消费者中更为显著（Govind，Garg，Mittal，2020）。Tian 等（2018）则利用超市的面板数据证明了阴雨天等不好的天气状况会增加消费者的多样化购买行为，即购买与之前消费记录中所购商品品牌不同的商品的倾向会变大。另外，空气污染的水平的提升也会增加消费者购买健康食品和进行可持续消费的倾向（Li et al.，2018）。

（四）口碑与消费者购买意愿

Bakhshi 等（2014）的研究发现，消费者在舒适天气（即温暖、凉爽、无降水）对于餐厅的评价显著高于在恶劣天气（即寒冷、酷热、降雨或降雪）对于餐厅的评价。此外，适宜的天气还会增加消费者付出的小费（Cunningham，1979）。Li 等（2017）则通过田野实验指出，相对于阴天，消费者在晴天对促销活动的购买反应更高、更快，而雨天对促销活动的购买反应则更低、更慢。与此同时，气象要素会使消费者产生计划性偏差，Conlin 等（2007）的研究指出，如果消费者在极端寒冷的时候购买冬季服装，他可能会因为对自己的需求估计过高而产生较高的退货率。Buchheim 和 Kolaska（2016）对此进行延伸，以电影票为对象证明了当购买未来使用的产品时，消费者在受到未来天气预报的影响的同时也会受购买当时天气情况的影响。Zwebner（2014）则证明了消费者在温暖舒适的环境会提高对于商品的评价和购买意愿；但是，较低的环境温度反而会增加费者对产品的地位信号和奢华程度的感知（Park，Hadi，2019）。Sinha 和 Bagchi（2019）的研究则发现，虽然较高的温度会在拍卖中引起消费者较高的支付意愿，但在谈判中却会导致较低的支付意愿，这是因为较高的温度会引发不适和攻击性。

第四节 地理环境对个体心理与行为的影响

一、地理决定论概述

地理决定论（Geographic Determinism）又称环境决定论，是一种认为地理环境对人类的身心特征、民族特性、社会组织、文化发展等人文现象起到直接或间接影响的理论。该理论萌芽于古希腊时期，希波克拉底提出气候会影响人类的身心特性，柏拉图则认为人类精神生活受到海洋的影响。此后，亚里士多德也指出地理位置、气候、土壤等地理环境要素会影响民族特性，并提出希腊半岛优越的地理位置赋予了希腊人优良的品性。15—17世纪，地理大发现极大丰富了当时欧洲关于世界各地的地理知识，地理决定论也进入了发展时期。16世纪初，法国哲学家让·丹博在他的著作《论共和国》中提出民族差异的产生是因为所处自然条件存在差异，而这会影响对于政府形式的需求。法国哲学家孟德斯鸠则认为，气候差异决定人们的气质性格，进而决定人们采用何种法律和政治制度，例如热带地方盛行专制主义，而温带民族则是强盛与自由的。德国哲学家黑格尔则在孟德斯鸠的基础上进一步发展了地理环境决定论，他将地理环境划分为三种类型：干燥的高地、广阔的草原和平原，巨川、大江所经过的平原流域，与海相连的海岸区域，并提出不同地理环境下生活的人们会形成不同类型的性格与生产活动。

19世纪中叶，英国历史学家巴克尔认为气候是影响国家或民族文化发展的重要外部因素，并认定印度的贫穷落后是气候的自然法则所决定的。德国地理学家拉采尔的《人类地理学》则指出，人是地理环境的产物，人的活动、发展和抱负都受到地理环境的严格限制。他的学生——美国地理学森普尔将这一观点传播到了美国，认为人类历史上的重大事件是特定自然环境造成的。此后，美国地理学家亨廷顿的《文明与气候》、贾雷德·戴蒙德的《枪炮、病菌与钢铁》等书中都提到了地理绝对论这一观点。但在20世纪，随着科学技术的发展和生产力的提高，人们逐渐意识到人在人和地理环境的关系中也可以是主动的，因此地理决定论因其对于历史进程的简化逐渐受到了学者们的质疑。然而，这一理论长时间的盛行也向我们展现了地理环境对于个体心理与行为的重要影响。由于目前探索地理环境对消费心理影响的研究较少，本章的后续内容将介绍除上一章节外的其他地理环境要素对于个体心理与行为的重要影响。

二、地理环境要素对个体心理与行为的影响

（一）气压和海拔

相比于低海拔地区，高海拔地区的居民长时间处于低气压的环境中；水下的环境气压相比于陆地则处于高气压水平。在某些特定气象条件下，个体也会暂时性的处于低气压或高气压的环境中。因此，气压与海拔这一地理环境要素引起了相关学者的关注。除低气压外，高海拔地区的环境特点还有太阳射线强、温度低、大风等。

Frisancho（1993）的研究发现，为了适应缺氧环境，身处高海拔地区的个体需要进行更深、更快的呼吸，这会造成血液碱度变大、心率增加，但心脏的输出血减少，因此在高海拔地区生活的人，其心脏会更大，而且心室壁也更厚。对于生活在高海拔地区的长跑运动员，当其在低海拔环境下进行训练时，5千米长跑的成绩平均可以提高13秒（Levine, Stray-Gundersen, 1997）。在认知层面，Cahoon 和 McFarland（1972）的研究显示，相比于低海拔地区，个体在高海拔地区会在一定程度导致学习新事物能力的损害。林仲贤等（1981）则在海拔4 000米的情况下对个体进行了视觉机能、听觉机能、记忆联想和演算能力测定、反应时和手脚协同活动反应和驾驶追踪动作和汽车穿桩实验，结果显示高海拔会降低人的演算、驾驶追踪动作和汽车穿桩的能力。

在天气层面，飓风、龙卷风等热带风暴是典型的低气压天气系统，而晴朗的天气往往气压较高。然而，由于天气变化在引发气压气变化的同时也会导致风、湿度和温度的变化，因此相关研究结果存在一些分歧（Campbell, Beet, 1977; Moos, 1976）。有多项研究发现，校园里的破坏行为和紧急报警次数会随天气波动，特别是和气压变化有关。此外，也有研究者就发现低气压、风和湿度这些因素和教室里的不良行为有关（Dexter, 1904; Russell, Bernal, 1977）。Cohn（1996）的研究则指出，在气温高、气压低的情况下，警察局接到的投诉会增多。

（二）风

相比于天气类型、光照和气温，学术界关于风对个体的心理和行为影响的研究数量较少。不同于可依靠单一感受器接收信号的光照和噪音，人体对风的知觉需要多种感受器的配合：风的大小由皮肤的压力感受器判断；风的温度由皮肤的温度感受器感觉；风力可以通过抵御风所需要的肌肉力量感受器、根据看到的风所吹起的东西和听到的风声来判断。Poulton（1973）等通过风洞设备探索了不同风速对于个体的影响，结果显示风速增加会显著增加被试的眨眼次数、改变被试的行动方式、延缓动作速度和质量；在认知方面，风速增加会增加被试在表中找一个词和在报纸上找一个词的时间。值得注意的是，除风速外，风还有温度、湿度属性，例如干热风会和湿冷风，因此对风的研究很难剥离其他气象要素。

（三）地理位置

一方水土养一方人，个体的心理和行为深受其所处地域的影响。近些年来，地理心理学（Geographical Psychology）借助大数据技术逐渐兴起，这门学科主要研究的是个体的心理、个性、心态、行为和态度如何受到其所处地理位置的影响

(Rentfrow，2019)。宏观层面的地理位置差异指东方与西方、国与国之间的差异，微观层面的地理位置差异指一国之内的差异，例如中国的南方与北方。Hofstede（2001）开展的跨文化研究提出了六个文化维度，分别是权力距离、不确定性规避、个人主义-集体主义、男性化-女性化、长期取向-短期取向、放纵-约束，该理论展现了东西方文化的巨大差异。Allik 和 McCrae（2004）则利用 36 个国家的大五人格数据在国家层面上对个体的人格特征进行分析，结果显示，人格特征在跨国水平上存在地域差异且具有一些系统性的模式和规律。也有一部分学者对同一国家或文化内的地域差异进行研究，例如 Vandello 和 Cohen（1999）通过构建美国各个州的集体主义指数证明了美国文化中的个人主义-集体主义在州水平上存在差异。Van de Vliert 等（2013）也使用 15 个省的数据研究了我国国内个人主义-集体主义地域差异，研究结果显示，气候状况和经济状况共同影响了集体主义程度。日本、英国等地区也有学者开展类似的研究（Rentfrow et al.，2015；Yamawaki，2012）。此外，还有学者研究了地理位置与自杀及抑郁（McCann，2010）、幸福感（Pesta, McDaniel, Bertsch，2010）、健康（Rentfrow et al.，2015）之间的关系。

个体的人格特质也被认为与其所处地理位置的地貌特征有关，在很多文化中，隐士形象的都倾向于与深山而不是大海联系在一起。因此，Oishi 等（2015）探索了外向性人格特质与高山、大海等地貌特征的关系，研究结果显示，外向性人格特质显著个体所在地区的山区程度（包括高山数量、海拔等）负相关。对于中国的南北方差异，最负盛名的是 Talhelm 等（2014）提出的"稻米理论"。该理论认为，水稻和小麦在种植方式上存在重大差别，小麦可以由个体独立种植，而水稻种植则需要群体之间的相互依赖和合作，因此生活在水稻区的南方人在整体性思维（Holistic-thinking）、相互依存性（Interdependent）和忠诚以及裙带关系（Loyal/Nepotistic）这三方面上都高于生活在小麦区的北方人。马欣然等（2016）则利用内隐文化任务发现，相比于北方人，南方人对朋友更优待、内外群体的心理界限更明显、集体主义倾向更强。

本章参考文献

[1] 周巧，王丽丽，2020. 敬畏感对消费者在不同广告下购买意愿的影响研究[J]. 上海管理科学，42（02）：38-43.

[2] 叶巍岭，周欣悦，黄蓉，2018. 敬畏感的复杂性及其在消费行为领域的研究

[3] 杨国栋, 尚炜, 2008. 不同版本教材对"地域分异规律"表述的比较 [J]. 地理教学, (06): 9-10.

[4] 辛志勇, 杜晓鹏, 李冰月, 2021. 敬则不逐物——敬畏对炫耀性消费倾向的抑制: 小我的中介作用 [J]. 心理科学, 44 (03): 642-650.

[5] 伍光和, 2008. 尊重自然与自然规律是实现人与自然和谐的前提 [J]. 云南师范大学学报 (哲学社会科学版) (03): 21-22.

[6] 王琰, 陈浩, 2017. 人以天地之气生: 气象对人类心理与行为的影响 [J]. 心理科学进展, 25 (06): 1077-1092.

[7] 王晓丽, 2009. 中国语境中的"敬畏感" [J]. 道德与文明 (04): 46-49.

[8] 田野, 卢东, Samart POWPAKA, 2015. 游客的敬畏与忠诚: 基于情绪评价理论的解释 [J]. 旅游学刊, 30 (10): 80-88.

[9] 孙颖, 贾东丽, 蒋奖, 等, 2020. 敬畏对亲环境行为意向的影响 [J]. 心理与行为研究, 18 (03): 383-389.

[10] 任剑涛, 2008. 敬畏之心: 儒家立论及其与基督教的差异 [J]. 哲学研究 (08): 49-58.

[11] 马欣然, 任孝鹏, 徐江, 2016. 中国人集体主义的南北方差异及其文化动力 [J]. 心理科学进展, 24 (10): 1551-1555.

[12] 林仲贤, 马谋超, 洪生勤, 等, 1981. 高原低氧对脑功能的影响 [J]. 心理学报, (02): 192-200.

[13] 李炳元, 潘保田, 程维明, 等, 2013. 中国地貌区划新论 [J]. 地理学报, 68 (03): 291-306.

[14] 景奉杰, 胡静, 2020. 消费者敬畏情绪对从众购买意愿的影响——基于社会联结视角的实证分析 [J]. 企业经济 (02): 76-83.

[15] 黄锡畴, 1996. 自然地理与环境研究 [M]. 北京: 科学出版社.

[16] 费显政, 黄茜, 王涯薇, 2021. 敬畏使人言听计从吗?——论敬畏情绪对个体的说服作用 [J]. 南开管理评论: 1-24.

[17] 董蕊, 彭凯平, 喻丰, 2013. 积极情绪之敬畏 [J]. 心理科学进展, 21 (11): 1996-2005.

[18] 曹菲, 王霞, 2018a. 敬畏情绪对消费者多样化寻求行为的影响及心理机制 [J]. 中国流通经济, 32 (11): 102-111.

[19] 曹菲, 王霞, 2018b. 敬畏情绪对消费者有边界品牌标识偏好的影响 [J]. 消

费经济，34（04）：66-73.

[20] ALLIK J, MCCRAE R R, 2004. Toward a geography of personality traits-patterns of profiles across 36 cultures. Journal of Cross-Cultural Psychology, 35: 13-28.

[21] ANDERSON C A, ANDERSON K B, DEUSER W E, 1996. Examining an affective aggression framework weapon and temperature effects on aggressive thoughts, affect, and attitudes. Personality and Social Psychology Bulletin, 22: 366-376.

[22] ARRINDELL W A, 2003. Culture's consequences: Comparing values, behaviors, institutions, and organizations across nations. Behaviour Research and Therapy, 41: 861-862.

[23] BAKHSHI S, KANUPARTHY P, GILBERT E, 2014. Demographics, weather and online reviews: A study of restaurant recommendations. Www'14: Proceedings of the 23rd International Conference on World Wide Web, 443-453.

[24] BARON R A, BELL P A, 1976. Aggression and heat: The influence of ambient temperature, negative affect, and a cooling drink on physical aggression. Journal of Personality and Social Psychology, 33: 245-255.

[25] BASSI A, COLACITO R, FULGHIERI P, 2013. 'O sole mio: An experimental analysis of weather and risk attitudes in financial decisions. Review of Financial Studies, 26: 1824-1852.

[26] BERGER J, MILKMAN K L, 2012. What makes online content viral? Journal of Marketing Research, 49: 192-205.

[27] BUCHHEIM L, KOLASKA T, 2017. Weather and the psychology of purchasing outdoor movie tickets. Management Science, 63: 3718-3738.

[28] CAO F, WANG X, WANG Z, 2020. Effects of awe on consumer preferences for healthy versus unhealthy food products. Journal of Consumer Behaviour, 19: 264-276.

[29] CAO M, WEI J, 2005. Stock market returns: A note on temperature anomaly. Journal of Banking & Finance, 29: 1559-1573.

[30] CHANG S-C, CHEN S-S, CHOU R K, et al, 2008. Weather and intraday patterns in stock returns and trading activity. Journal of Banking & Finance, 32: 1754-1766.

[31] CHEEMA A, PATRICK V M, 2012. Influence of warm versus cool temperatures on consumer choice: A resource depletion account. Journal of Marketing Research, 49: 984-995.

[32] CHIRICO A, YADEN D B, RIVA G, et al, 2016. The potential of virtual reality for the investigation of awe. Frontiers in Psychology, 7.

[33] COHN E G, 1993. The prediction of police calls for service-the influence of weather and temporal variables on rape and domestic violence. Journal of Environmental Psychology, 13: 71-83.

[34] CONLIN M, O'DONOGHUE T, VOGELSANG N J, 2007. Projection bias in catalog orders. American Economic Review, 97: 1217-1249.

[35] CUNNINGHAM M R, 1979. Weather, mood, and helping-behavior-quasi experiments with the sunshine samaritan. Journal of Personality and Social Psychology, 37: 1947-1956.

[36] DENISSEN J J A, BUTALID L, PENKE L, et al, 2008. The effects of weather on daily mood: A multilevel approach. Emotion, 8: 662-667.

[37] DEXTER E, 1904. School deportment and weather. Educational review, 19: 160-168.

[38] EKMAN P, 1992a. An argument for basic emotions. Cognition & Emotion, 6: 169-200.

[39] EKMAN P, 1992b. An argument for basic emotions. Cognition & Emotion, 6: 169-200.

[40] ELK M V, KARINEN A, SPECKER E, et al, 2016. "Standing in awe": The effects of awe on body perception and the relation with absorption. Collabra, 2 (1): 4.

[41] FORGAS J P, GOLDENBERG L, UNKELBACH C, 2009. Can bad weather improve your memory? An unobtrusive field study of natural mood effects on real-life memory. Journal of Experimental Social Psychology, 45: 254-257.

[42] FRISANCHO A R, 1993. Human adaptation and accommodation. Ann Arbor, MI: University of Michigan Press.

[43] GORDON A M, STELLAR J E, ANDERSON C L, et al, 2017. The dark side of the sublime: Distinguishing a threat-based variant of awe. Journal of Personality and Social Psychology, 113: 310-328.

[44] GOVIND R, GARG N, MITTAL V, 2020. Weather, affect, and preference for hedonic products: The moderating role of gender. Journal of Marketing Research, 57: 717-738.

[45] GUEGUEN N, LAMY L, 2013. Weather and helping: Additional evidence of the effect of the sunshine samaritan. Journal of Social Psychology, 153: 123-126.

[46] GUO S, JIANG L, HUANG R, et al, 2018. Inspiring awe in consumers: Relevance, triggers, and consequences. Asian Journal of Social Psychology, 21: 129-142.

[47] HIRSHLEIFER D, SHUMWAY T, 2003. Good day sunshine: Stock returns and the weather. Journal of Finance, 58: 1009-1032.

[48] HOFSTEDE G, 1984. Culture's consequences: International differences in work-related values. Beverly Hills: SAGE Publications, Inc.

[49] HONG J, SUN Y, 2012. Warm it up with love: The effect of physical coldness on liking of romance movies. Journal of Consumer Research, 39: 293-306.

[50] HSIANG S M, BURKE M, MIGUEL E, 2013. Quantifying the influence of climate on human conflict. Science, 341: 1212.

[51] HUANG X, ZHANG M, HUI M K, et al, 2014. Warmth and conformity: The effects of ambient temperature on product preferences and financial decisions. Journal of Consumer Psychology, 24: 241-250.

[52] HUNTER L M, HATCH A, JOHNSON A, 2004. Cross-national gender variation in environmental behaviors. Social Science Quarterly, 85: 677-694.

[53] IBANEZ L, MOUREAU N, ROUSSEL S, 2017. How do incidental emotions impact pro-environmental behavior? Evidence from the dictator game. Journal of Behavioral and Experimental Economics, 66: 150-155.

[54] JIANG L, YIN J, MEI D, et al, 2018. Awe weakens the desire for money. Journal of Pacific Rim Psychology, 12.

[55] JONAUSKAITE D, ABDEL-KHALEK A M, ABU-AKEL A, et al, 2019. The sun is no fun without rain: Physical environments affect how we feel about yellow across 55 countries. Journal of Environmental Psychology, 66.

[56] JOYE Y, DEWITTE S, 2016. Up speeds you down. Awe-evoking monumental

buildings trigger behavioral and perceived freezing. Journal of Environmental Psychology, 47: 112-125.

[57] KEGEL M, DAM H, ALI F, et al, 2009. The prevalence of seasonal affective disorder (sad) in greenland is related to latitude. Nordic Journal of Psychiatry, 63: 331-335.

[58] KELTNER D, HAIDT J, 2003. Approaching awe, a moral, spiritual, and aesthetic emotion. Cognition & Emotion, 17: 297-314.

[59] KLIMSTRA T A, FRIJNS T, KEIJSERS L, et al, 2011. Come rain or come shine: Individual differences in how weather affects mood. Emotion, 11: 1495-1499.

[60] KOEOETS L, REALO A, ALLIK J, 2011. The influence of the weather on affective experience an experience sampling study. Journal of Individual Differences, 32: 74-84.

[61] LAMBERT G, REID C, KAYE D, et al, 2003. Increased suicide rate in the middle-aged and its association with hours of sunlight. American Journal of Psychiatry, 160: 793-795.

[62] LASALETA J D, SEDIKIDES C, VOHS K D, 2014. Nostalgia weakens the desire for money. Journal of Consumer Research, 41: 713-729.

[63] LAZARUS R S, & RICHARD S. L, 1991. Emotion and adaptation. Oxford University Press, New York, USA.

[64] LEE J J, GINO F, STAATS B R, 2014. Rainmakers: Why bad weather means good productivity (99, pg 504, 2014). Journal of Applied Psychology, 99.

[65] LEVINE B D, STRAYGUNDERSEN J, 1997. "Living high training low": Effect of moderate-altitude acclimatization with low-altitude training on performance. Journal of Applied Physiology, 83: 102-112.

[66] LI C, LUO X, ZHANG C, et al, 2017. Sunny, rainy, and cloudy with a chance of mobile promotion effectiveness. Marketing Science, 36: 762-779.

[67] LI Y, GUAN D, TAO S, et al, 2018. A review of air pollution impact on subjective well-being: Survey versus visual psychophysics. Journal of Cleaner Production, 184: 959-968.

[68] LU J G, LEE J J, GINO F, et al, 2018. Polluted morality: Air pollution

predicts criminal activity and unethical behavior. Psychological Science, 29: 340-355.

[69] MAHONEY C R, CASTELLANI J, KRAMER F M, et al, 2007. Tyrosine supplementation mitigates working memory decrements during cold exposure. Physiology & Behavior, 92: 575-582.

[70] MAYER F S, FRANTZ C M, 2004. The connectedness to nature scale: A measure of individuals' feeling in community with nature. Journal of Environmental Psychology, 24: 503-515.

[71] MCCANN S J H, 2010. Suicide, big five personality factors, and depression at the american state level. Archives of Suicide Research, 14: 368-374.

[72] MCCRAE R R, TERRACCIANO A, REALO A, et al, 2007. Climatic warmth and national wealth: Some culture-level determinants of national character stereotypes. European Journal of Personality, 21: 953-976.

[73] MICHALON M, ESKES G A, MATEKOLE C C, 1997. Effects of light therapy on neuropsychological function and mood in seasonal affective disorder. Journal of Psychiatry & Neuroscience, 22: 19-28.

[74] MOOS R H, 1976. The human context: Environmental determinants of behavior. Wiley, New York.

[75] NOVY-MARX R, 2014. Predicting anomaly performance with politics, the weather, global warming, sunspots, and the stars. Journal of Financial Economics, 112: 137-146.

[76] PARK J, HADI R, 2020. Shivering for status: When cold temperatures increase product evaluation. Journal of Consumer Psychology, 30: 314-328.

[77] PARKER P M, TAVASSOLI N T, 2000. Homeostasis and consumer behavior across cultures. International Journal of Research in Marketing, 17: 33-53.

[78] PESTA B J, MCDANIEL M A, BERTSCH S, 2010. Toward an index of well-being for the fifty us states. Intelligence, 38: 160-168.

[79] PIFF P K, DIETZE P, FEINBERG M, et al, 2015. Awe, the small self, and prosocial behavior. Journal of Personality and Social Psychology, 108: 883-899.

[80] PRADE C, SAROGLOU V, 2016. Awe's effects on generosity and helping. Journal of Positive Psychology, 11: 522-530.

[81] RENTFROW P J, JOKELA M, LAMB M E, 2015. Regional personality differences in great britain. Public Library of Science, 10.

[82] RUDD M, HILDEBRAND C, VOHS K D, 2018. Inspired to create: Awe enhances openness to learning and the desire for experiential creation. Journal of Marketing Research, 55, 766-781.

[83] RUDD M, VOHS K D, AAKER J, 2012. Awe expands people's perception of time, alters decision making, and enhances well-being. Psychological Science, 23: 1130-1136.

[84] RUSSELL M B, BERNAL M E, 1977. Temporal and climatic variables in naturalistic observation. Journal of Applied Behavior Analysis, 10: 399-405.

[85] SCANNELL L, GIFFORD R, 2010. The relations between natural and civic place attachment and pro-environmental behavior. Journal of Environmental Psychology, 30: 289-297.

[86] SCHWARZ N, CLORE G L, 1983. Mood, misattribution, and judgments of well-being-informative and directive functions of affective states. Journal of Personality and Social Psychology, 45: 513-523.

[87] SHIOTA M N, KELTNER D, MOSSMAN A, 2007. The nature of awe: Elicitors, appraisals, and effects on self-concept. Cognition & Emotion, 21: 944-963.

[88] SHIOTA M N, KELTNER D, JOHN O P, 2006. Positive emotion dispositions differentially associated with big five personality and attachment style. The Journal of Positive Psychology, 1 (2): 61-71.

[89] SINHA J, BAGCHI R, 2019. Role of ambient temperature in influencing willingness to pay in auctions and negotiations. Journal of Marketing, 83: 121-138.

[90] STRAHLER A H, STRAHLER A, 2004. Physical geography: Science and systems of the human environment (3rd ed.). Wiley, New York.

[91] SUNDARARAJAN L, 2009. Awe. In lopez, s., the encyclopedia of positive psychology. Wiley-Blackwell, Oxford, UK.

[92] TALHELM T, ZHANG X, OISHI S, et al, 2014. Large-scale psychological differences within china explained by rice versus wheat agriculture. Science, 344: 603-608.

[93] TAVASSOLI N T, 2009. Climate, psychological homeostasis, and individual behaviors across cultures. Psychology Press, New York.

[94] TERAO T, SOEDA S, YOSHIMURA R, et al, 2002. Effect of latitude on suicide rates in japan. Lancet, 360: 1892-1892.

[95] TIAN J, ZHANG Y, ZHANG C, 2018. Predicting consumer variety-seeking through weather data analytics. Electronic Commerce Research and Applications, 28: 194-207.

[96] VAN CAPPELLEN P, SAROGLOU V, 2012. Awe activates religious and spiritual feelings and behavioral intentions. Psychology of Religion and Spirituality, 4: 223-236.

[97] VAN DE VLIERT E, YANG H, WANG Y, et al, 2013. Climato-economic imprints on chinese collectivism. Journal of Cross-Cultural Psychology, 44: 589-605.

[98] VAN TILBURG W A P, SEDIKIDES C, WILDSCHUT T, 2018. Adverse weather evokes nostalgia. Personality and Social Psychology Bulletin, 44: 984-995.

[99] VANDELLO J A, COHEN D, 1999. Patterns of individualism and collectivism across the united states. Journal of Personality and Social Psychology, 77: 279-292.

[100] WANG L, ZHANG G, SHI P, et al, 2019. Influence of awe on green consumption: The mediating effect of psychological ownership. Frontiers in Psychology, 10.

[101] WILLIAMS P, COLEMAN, N. V., MORALES, A. C., et al, 2018. Connections to brands that help others versus help the self: The impact of incidental awe and pride on consumer relationships with social-benefit and luxury brands. Journal of the Association for Consumer Research, 3 (2): 202-215.

[102] YAMAWAKI N, 2012. Within-culture variations of collectivism in japan. Journal of Cross-Cultural Psychology, 43: 1191-1204.

[103] ZWEBNER Y, LEE L, GOLDENBERG J, 2014. The temperature premium: Warm temperatures increase product valuation. Journal of Consumer Psychology, 24: 251-259.

第三章 疫情暴发与消费决策

第一节 恐惧管理理论与死亡凸显

一、恐惧管理理论的基本内容

（一）恐惧管理理论的起源与发展

恐惧管理理论起源于人类学家 Becker（1962，1971，1975）的三本著作。在综合多门社会科学内容后，Becker 在其著作中整合出了一个关于人类动机和行为的连贯概念。根据 Becker 的观点，复杂的人类智力使得人们意识到人类的脆弱性和必死性，而对生的渴求和死的必然构造了人类特有的存在困境，因此对死亡的恐惧和焦虑是人类动机的核心源泉。

在 Becker 的基础上，Greenberg 等（1986）心理学家提出了恐惧管理理论（Terror Management Theory，TMT），为死亡心理研究奠定了基础。恐惧管理理论在前期共有两个基本假设，分别是焦虑缓冲器假设（the Anxiety-buffer Hypothesis）和死亡凸显效应假设（the Mortality Salience Effect Hypothesis）。焦虑缓冲器假设认为如果某种心理结构作为焦虑缓冲器可以为个体提供承受焦虑的弹性空间，那么当死亡焦虑被唤起时，强化这种心理结构可以帮助个体应对死亡焦虑并削弱其影响，而削弱这种心理结构则会起到相反的结果；死亡凸显效应假设则认为，如果某种心理结构能对死亡焦虑进行有效防御，那么当个体意识到死亡是难以避免的时候，个体将增强对该种心理结构的需求（Greenberg et al.，1990）。随着恐惧管理研究的发展，Schimel 等（2007）提出了第三个基本假设，即死亡想法可及性假设（the Death-thought Accessibility Hypothesis），该假设认为如果某种心理结构具有缓冲死亡焦虑的作用,那么当这种心理结构被削弱时,个体面对死亡会产生更多的相关想法和意识,即会增加死亡想法的可及性;与之相对,强化这种心理结构则会降低死亡想法可及性。

(二)恐惧管理理论的双重加工模型

除三大基本假设外,为了进一步解释死亡凸显效应,Pyszczynski 等(1999)提出了对死亡相关想法进行防御的双重加工模型(如图3-1所示),该模型将与死亡相关的想法分为有意识和无意识两类,分别对应近端防御和远端防御这两种不同的防御过程。其中,近端防御在死亡凸显后立刻发生,但对阈下死亡刺激没有反应,是相对理性的,采用主动抑制或认知扭曲的方式,将与死亡相关的想法从意识中移除,并/或将死亡推向遥远的未来;远端防御不会在死亡凸显后立刻发生,而需要在死亡相关意识离开注意焦点后才会运作,由于这一特性,远端防御会被阈下死亡刺激激活,是相对经验性的,利用文化世界观防御和自尊防御等防御机制来提供具有象征意义的保护,使个体生命看起来有意义、有价值和永恒。由于远端防御过程对人类的影响更为深远,死亡凸显的大部分相关研究都通过设置分心任务来研究具体的远端防御机制及其对个体行为的影响(Burke et al., 2010)。

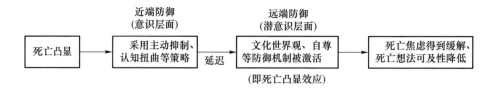

图 3-1 双重加工防御模型

二、死亡凸显及其操纵方式

(一)死亡凸显的内涵

死亡凸显(Mortality Salience)是恐惧管理理论研究常用的实验启动操作,始于 Rosenblatt 等(1989)进行的第一项关于恐惧管理理论的实证研究,旨在让人们意识到死亡是不可避免的并以此唤起个体的死亡焦虑。虽然有部分研究认为一些令人反感的话题或事件能产生和死亡凸显相似的影响(Proulx, Heine, 2008; van den Bos et al., 2005),但大量实验结果证明死亡凸显对个体的影响并不能通过消极体验或情绪的诱发来解释(Greenberg et al., 2008)。

在恐惧管理理论中,有一些概念与死亡凸显有着密切的联系,因此本书将这些相关概念与死亡凸显进行比较分析（如表 3-1 所示），以便相关学者在阅读文献和进行后续研究时更精准地把握"死亡凸显"这一概念。

表 3-1　死亡凸显相关概念的定义及其与死亡凸显的关系

概念	定义	与死亡凸显的关系和区别	代表文献
死亡反省	是指具有濒死体验特征的一种死亡意识状态	死亡凸显引发的死亡意识是抽象的，而死亡反省则通过要求被试想象死亡的具体场景来启动具体的死亡意识	Cozzolino 等，2004
死亡焦虑	是指个体面对死亡威胁所产生的一系列带有惧怕色彩的消极情绪状态	可由死亡凸显操纵诱发	Templer，1970
死亡想法可及性	是指潜意识层面中对死亡信息的敏感性程度	可由死亡凸显操纵诱发，在远端防御过程中升高	Schimel 等，2007
死亡凸显效应	是指个体在死亡凸显后会寻求增强可缓解死亡焦虑的心理机制的现象	可由死亡凸显操纵诱发，只出现在远端防御过程	Arndt 等，2007

（二）死亡凸显的操纵方式

目前，死亡凸显主要有以下四类操纵方式：1）个人死亡态度问题（Rosenblatt et al.，1989）。该方式包括两个与死亡相关的开放性问题，分别是"请描述你通过想象自己死亡时的场景所产生的情绪感受"和"请想象并描述死亡后你的身体会发生什么变化"，根据 Burke 等（2010）对死亡凸显效应的元分析，有 79.8% 的研究采用这两道经典开放式问题来凸显死亡。2）阈下死亡启动（Arndt et al.，1997）。在该类操纵方式中，被试需要在电脑屏幕上观看非死亡相关的词语并寻找词语之间的关系，在实验过程中，与死亡相关的词语将会闪现在屏幕上，但由于持续时间仅几毫秒，被试无法意识到他们的存在。3）死亡相关量表，该类操纵方式采用封闭式问题，在被试的填写过程中完成死亡凸显的启动，最常使用的是个人死亡量表（Florian，Kravetz，1983）。此外，还有死亡焦虑问卷（Conte et al.，1982）和死亡焦虑量表等（Templer，1970）。4）其他。该类方式通过各类与死亡相关的刺激物来操纵死亡凸显，例如观看大屠杀或车祸的视频（Taubman-Ben-Ari et al.，2000）、阅读关于癌症或"9·11"事件的文章（Liu，Smeesters，2010）、将实验设置在殡仪馆或墓地旁（Jonas et al.，2002）、展示保险公司广告或 Logo（Fransen et al.，

2008）等。除阈下死亡启动外，其余操纵方式都需要被试在之后填写 PANAS 量表或其他分心任务以进入远端防御过程（Solomon et al.，1991）。

三、死亡凸显效应

基于恐惧管理理论，心理学学者对死亡凸显效应假设进行了大量验证，迄今为止，已经引发了三次大讨论，其中最广为接受的是文化世界观、自尊和亲密关系这三种防御机制。

（一）文化世界观防御

Becker（1973）在其著作中曾指出，由于死亡是不可预测和难以避免的，为了减少对死亡的恐惧，人们通过构建文化来实现自我延续。文化世界观由同一文化群体中的成员所共享，能提供意义感、秩序感和永久感（Arndt et al.，1997），因此，对文化世界观的认同和维护能缓解个体的死亡焦虑。

内群体偏好是文化世界观防御的重要方式之一，在死亡凸显的情境下，人们更加肯定与自己拥有相同文化世界观的个体，同时，对持有不同文化世界观的个体呈更加否定的态度。例如 Rosenblatt 等（1989）通过实证研究发现，死亡凸显下个体会对违反道德规范的个体进行更为严厉的惩罚，但是相较于外群体道德违背者，个体更愿意原谅内群体道德违背者（Jonas et al.，2008）；此外，死亡凸显会导致个体更喜欢称赞自己国家的人，同时更讨厌批评自己国家的人（Greenberg et al.，1990）；在政治竞选中，与被试持有相同文化世界观的候选人的支持率在死亡凸显后显著上升（Kosloff et al.，2010）；而阅读死亡相关新闻后，个体对于外群体成员的偏见也会进一步加深（Das et al.，2009）。

此外，死亡凸显还会增加个体的群体认同。例如死亡凸显下的被试更偏好本国球队，并且对本国球队的比赛表现有更乐观的预期（Dechesne et al.，2000）。然而，也有学者认为当个体所处的群体被负向框定时，死亡凸显的相关效应会被逆转，例如在基于性别的刻板印象威胁下，死亡凸显情境下的女性认为其自身与其他女性的相似度更低（Arndt et al.，2002）。

（二）自尊防御

根据恐惧管理理论，自尊是个体对自己生命意义和价值感的评价（Pyszczynski et al.，2004）。焦虑缓冲器假设认为，自尊的缓冲作用使得拥有高自尊的群体在面对死亡时产生的死亡焦虑更少；此外，自尊作为对自我的肯定还能够帮助个体面对难以避免的死亡（Harmon-Jones et al.，1997）。

在死亡凸显的情境下，个体会进行自尊寻求行为来激发和保护自尊。例如，死亡凸显会提高个体的自我服务归因倾向（Mikulincer，Florian，2002）；为了保持积极的自尊，个体在死亡凸显后对过往经历表现出更低的后悔倾向（Rudert et al.，2015）；此外，Kasser 和 Sheldon（2000）的研究还证明了死亡凸显下的个体对自己有着更高的财务预期。

然而，由于自尊与个体所持有的文化世界观之间的密切联系，面对死亡威胁的个体只会尽可能地提高自己文化世界观内所认同的自尊（Pyszczynski et al.，2004）。例如，当个体认为健康是其自尊的重要来源时，死亡凸显才能够显著提高个体的健身意愿（Arndt et al.，2003）；类似地，对于将道德作为重要自尊来源的个体，死亡凸显能增加个体的捐款金额（Ferraro et al.，2005）。

（三）亲密关系防御

除了上述两大基本防御机制外，许多学者认为亲密关系也是重要的恐惧管理机制（Florian et al.，2002）。根据进化心理学的观点，亲密关系提供了繁衍的可能，帮助人类进行自我延续；同时，通过寻找合作同伴，亲密关系还可以提高人类在不利环境中存活的可能（Buss，Schmitt，1993）。此外，亲密关系在最基本的夫妻关系和家庭关系形式中构成了人类需求的社会表达（Levi-Strauss，1967），是文化世界观和自尊的重要来源（Mikulincer et al.，2003）。

在死亡凸显的情境下，个体会努力维护现有的亲密关系。例如，一方面，死亡凸显使个体更容易想起与父母的积极互动，降低了回忆消极互动的可能；同时，死亡凸显下的个体更渴望亲近父母（Cox et al.，2008）。另一方面，死亡凸显会增加个体在浪漫关系中对另一半的承诺（Florian et al.，2002），夸大伴侣对自己的积极看法（Cox，Arndt，2012）；同时，死亡凸显还能激励个体克服其回避倾向，修复问题关系（Anglin，2014）。

与此同时，死亡凸显还会增加个体对新的亲密关系的寻求和对人际接触的渴望（Koole et al.，2014）。例如，Wisman 和 Koole（2003）的研究证明了相比于独自入座，死亡凸显后的个体更倾向于选择和群体一起入座；为了获得更亲密的人际关系，死亡凸显还会引发个体的从众行为，使个体倾向于改变自己的观点以迎合群体的思维方式（Renkema et al.，2008）；此外，死亡凸显后，个体更希望能够生育后代和承担父母的养育角色（Yaakobi et al.，2014）。

（四）其他防御机制

随着恐惧管理研究的发展，学者们还提出了一些新的恐惧管理机制。例如，有多名学者通过实证研究证明了宗教信仰不仅可以降低死亡意识的可及性，还可以作为死亡凸显下的保护机制减少文化世界观防御（Jonas et al.，2006；Norenzayan et al.，2009）。但是，不同的宗教信仰所产生的防御效果也会有所不同。例如，由于犹太教徒更不相信来生的存在，相比于新教徒，犹太教徒在死亡凸显后会产生更强的死亡焦虑（Cohen et al.，2003）；与此同时，信仰的虔诚度也会对防御效果产生显著影响（Jonas et al.，2006）。另外，由于怀旧作为一种积极的心理资源能为个体提供生命的意义感（Wildschut et al.，2006），在死亡凸显的情境下，被试会表现出更高的怀旧倾向来缓解死亡威胁所带来的焦虑和恐惧（Routledge et al.，2008；Juhl et al.，2010）。此外，还有学者提出，参与一项创造性的任务也可以缓解死亡凸显后个体所产生的死亡焦虑和恐惧（Routledge & Arndt，2009）。

第二节 死亡凸显对个体心理与行为的影响

一、死亡凸显对个体生理和心理的影响

（一）生理层面

首先，由于身体会引发个体对自身的动物性感知并提示人终将死去，在死亡凸显的情境下，高神经质的个体倾向于逃避身体感觉，例如为了减少触觉，个体在死亡凸显后会减少把手臂浸入冰水和使用足部按摩器的时间（Goldenberg et al.，2006）；而Goldenberg等（2002）的研究显示，启动人与动物的相似性后，死亡凸显会降低身体层面上性的吸引力。与此同时，有研究显示潜意识层面的死亡凸显会增强男性的身体力量（例如握力），但女性身上并不会出现此效应（Kawakami et al.，2006），这是因为充沛的体力往往被视为肌肉身材的间接指标，符合社会文化对男性的期待（Lynch，Zellner，1999）。此外，死亡凸显还会提高个体的生理唤醒程度（Klackl，Jonas，2019）。

（二）心理层面

现有的大部分研究集中于死亡凸显对个体的消极影响。首先，死亡凸显会激活个体对于自我关注状态的逃避，抑制对自我的觉察。例如，Arndt（1998）等通过是否在实验隔间里放置镜子的方式操纵了被试了自我觉察水平，实验结果显示，相比于低自我觉察组，高自我觉察组的被试在进行死亡凸显相关的书写任务时所花的时

间和所写的文字都更短;此外,死亡凸显后的被试在面孔识别任务中的表现更差(Guan et al.,2015)。神经科学领域的研究也得到了相似的结果,例如相比于控制组,观看死亡相关词语或句子后的被试的双侧脑岛激活程度更低(Han et al.,2010;Klackl et al.,2014;Shi,Han,2013),而脑岛恰恰是自我意识加工的核心脑区(Craig,2009)。

其次,在死亡凸显的近端防御过程,FMRI 技术证明经历死亡凸显的被试的右侧杏仁核、左侧前扣带回皮层喙部和右侧尾状核更加活跃(Quirin et al.,2012),这是因为被试在试图压制意识层面的死亡相关信息与想法。然而,这一过程会消耗个体的心理资源甚至引发自我耗竭,因此有学者通过研究发现,在死亡凸显的情境下,个体在与死亡无关的自我调节任务方面表现得更差(Gailliot et al.,2006);与认知负荷类似的是,死亡凸显会削弱个体在需要分析性思维的三段论任务上的表现(Tremoliere et al.,2014);同时,死亡凸显还会对个人的道德判断造成负面影响(Tremoliere et al.,2012;Tremoliere,Bonnefon,2014)。

但近年来,越来越多的学者认为死亡凸显反而会对个体产生积极的影响,例如死亡凸显可以提升个体在篮球运动(Zestcott et al.,2016)和阅读理解中的表现(Williams et al.,2012),有助于目标追求(Vail,Juhl,2015)。同时,个体在死亡凸显状态下会表现得更加诚实(Schindler et al.,2019)。Kelley 和 Schmeichel(2015)则通过多组实验证明了为了应对死亡意识,自我控制能力较高的被试会更加关注生活中的积极事物并增加乐观情绪。

在情绪方面,经典的死亡凸显操纵要求被试填写 PANAS 量表(Watson et al.,1988)或其他分心任务以进入远端防御过程(Bruke et al.,2010),根据量表结果,被试在死亡凸显后并没有产生显著的情绪反应(Greenberg et al.,1994),这一结果在后续的相关研究中被多次验证并被命名为无情绪假设(Affect-free Claim,Lambert et al.,2014)。然而,也有一些学者对此提出质疑,例如 Routledge 等(2010)通过实验证明在远端防御过程中,低自尊组被试的消极情绪和焦虑水平出现了显著上升;Lambert 等(2014)则利用 PANAS-X 量表中关于恐惧的测项和语言分析技术证明,相对于控制组,死亡凸显组被试的恐惧情绪显著上升,同时,也表现出更低的自尊水平。

二、管理学视角下的死亡凸显研究

"9·11"事件后,管理学领域内的死亡凸显研究数量迅猛增加。虽然近几年有所减少，但可以预见的是，随着新冠肺炎在全球范围内的不断蔓延，鉴于其巨大的现实意义，死亡凸显将重新成为一个热点话题。目前，死亡凸显在管理学领域内的研究集中在消费者行为和组织行为这两大学科。在营销和组织情境中，个体可能会接触到各式各样的能引发死亡联想的刺激物；此外，有研究表明消费行为和工作行为可以在一定程度上充当个体应对死亡的防御机制（Arndt et al.，2004；Yaakobi，2015）。根据已有的研究成果，消费者在死亡凸显情境下的消费行为策略主要包括物质主义倾向（Arndt et al.，2004）、产品选择偏好（Friese，Hofmann，2008）。在组织情境中，死亡凸显会对员工的领导者偏好、（Cohen et al.，2004）工作行为（Grant et al.，2004）等产生显著影响。

（一）死亡凸显与消费者行为

1. 物质主义倾向

由于物质主义和消费主义是西方社会普遍接受的价值观，在文化世界观防御的作用下，死亡凸显情境下的个体往往表露出更高的物质主义倾向（Arndt et al.，2004；Fransen et al.，2008）。例如 Kasser 和 Sheldon（2000）的研究发现，死亡凸显会提高消费者在服装、娱乐等享乐商品上的花费预期，同时，在森林管理游戏中表现得更贪婪。类似地，Cozzolino 等（2004）的研究发现，高外在价值取向的被试在死亡凸显情境下拿走了更多的抽奖彩票。此外，自尊对死亡凸显后消费者的物质主义倾向具有调节作用，Lee 和 Shrum（2008）的研究指出，虽然死亡凸显会加强消费者对财务成就的目标取向，但相对于高自尊个体，死亡凸显效应在低自尊个体上表现得更为强烈。

与此同时，也有学者就灾难事件对消费者行为的影响展开研究。例如"9·11"事件后，美国消费者购买了创纪录数量的房屋和汽车，在当年的10—12月，消费总额以年化6%的速度迅猛增长（Arndt et al.，2004）。无独有偶，在"5·12"汶川大地震后，国内消费者表现出大幅度的消费反弹，尤其是四川消费品零售市场在当年10月创出了22.3%的年内增速新高（翁智刚 等，2011）。

但近年来，也有学者对此提出了质疑，例如 Zaleskiewicz 等（2013）的研究发现，个体在死亡凸显的情境下会放大金钱的价值，同时金钱也可以起到一定的存在焦虑缓解作用，这是因为金钱线索可以激活个体的自尊（Gasiorowska et al.，2018）；受其影响，相比于消费，储蓄更能显著降低死亡凸显的负面影响，这是因为储蓄可以缓解与未来相关的焦虑并使个体对自己的命运产生一种掌控感（Zaleskiewicz et al.，2013）。

2. 产品选择偏好

由于本土产品和品牌具有一定的内群体象征意义，所以早期研究多集中在本土产品偏好上，以往研究通过变换不同产品品类证实了文化世界观防御引发的内群体偏好会提高死亡凸显下的个体对本土品牌产品的偏好。例如 Friese 和 Hofmann（2008）通过软饮料和巧克力证明了相对于外国产品，死亡凸显会提高消费者对于本土产品的评估和实际消费量；Liu 和 Smeester（2010）的研究发现，在阅读死亡相关新闻后，被试更偏好国产品牌的汽车与手表，同时，该研究证实了该效应背后的机制是死亡凸显唤醒了个体的爱国主义情绪；对于啤酒杯、行李袋等日用产品，该效应也依然成立（Cutright et al., 2011）。在国内，柳武妹等（2014）学者也证明了死亡信息的暴露会增加消费者的国货选择，但是相对于西方发达国家的消费者，发展中国家的消费者选择国货的内在机制是补偿个人控制感的缺失。除了产品偏好和选择外，本土偏好在其他情境下也有所扩展。例如，在观看交通事故视频后，相对于美产汽车，死亡凸显下的美国消费者更倾向于将责任归因于日产汽车（Nelson et al., 1997）；在捐赠情境下，相对于国外的慈善机构，死亡凸显情境下的被试更倾向于向国内的慈善机构进行捐赠（Jonas et al., 2002）；此外，Jonas 等（2005）在欧元引入前期开展了一项研究，结果显示死亡凸显会降低德国被试对欧元的偏好，但对德国货币马克的偏好反而出现了边际上升。

近年来，营销学者们就死亡凸显对产品选择偏好的影响展开了进一步探究。首先，从死亡凸显的角度入手，Huang 等（2015）发现思考自身死亡引发的焦虑会减少消费者的多样化寻求行为，但仅在语义上激活死亡概念反而会增加消费者选择的多样性。在产品类型方面，由于名声具有超越死亡的象征性延续作用，死亡凸显会提高消费者对名人产品的偏好（Greenberg et al., 2010）；类似地，由于创造力可以作为自尊来源，消费者在死亡凸显后会增加对于创意消费的兴趣（Xu et al., 2013）。此外，Boeuf（2019）发现死亡凸显激发的状态怀旧会降低消费者对创新型产品的偏好。

3. 食品选择与消费行为

在食品选择与消费上，死亡凸显除了会显著增加消费者对于本国食品的偏好外，还会在食品消费数量、种类选择上产生其他效应。例如，Mandel 和 Smeesters（2008）的研究证明了当意识到死亡是难以避免的时候，消费者倾向于购买和消费更多的食物，而且该效应受到个体自尊水平的调节，只适用于低自尊水平的消费者。此外，由于现代社会更推崇苗条的身材，考虑到食品消费与个人体型的关系，有一些学者就此进行了更为深入的研究。例如，Ferraro 等（2005）的一项研究显示，在面对巧克力与沙拉之间的选择时,高身体自尊(即将体型作为重要自尊来源)的消费者会对自己进行饮食限制,更倾向于选择沙拉,而低身体自尊的消费者则更偏好放纵型食品巧克力。另外,由于女性往往在身材管理上承受更大的压力(Spitzer et al.,1999),Goldenberg 等(2005)探讨了死亡凸显效应在食品消费上的性别差异,研究结果显示,死亡凸显下的女性显著降低了对于高脂健康食品(例如坚果)的摄入量,而死亡凸显下的男性对该类食品的摄入量并未与控制组形成显著差异;与此同时,当女性处于可以引发社会比较的群体环境中,死亡凸显会导致高 BMI 指数的女性对自己进行更为严格的饮食限制。

4. 炫耀性消费行为

根据 Belk(1988)提出的延伸自我理论,由于消费所具有的符号性特征,个体会把自己拥有的产品或者品牌看作延伸的自我,并将其作为自我概念的外在展示。在文化世界观防御和自尊寻求的共同作用下,死亡凸显后的个体呈现出更多的炫耀性消费行为。例如,Mandel 和 Heine(1999)的研究发现,在死亡凸显的情境下,相对于低地位象征产品,消费者对于劳力士、雷克萨斯汽车等高地位象征产品具有更高的偏好。类似地,Cozzolino(2004)、Fransen(2008)等学者的研究也呈现出相同的结果。与此同时,该效应在非西方文化中依然成立,Heine 等(2002)通过实证研究发现,死亡凸显会提高日本被试对于高地位象征产品的偏好。

进一步地,有学者提出社会临场感对死亡凸显效应具有调节作用,考虑到自己的社会形象,死亡凸显后的被试在他人在场的情境下更加偏好奢侈品牌(Fransen et al.,2010)。除此之外,还有研究显示死亡凸显能使高物质主义倾向的消费者与高地位象征品牌形成更强的品牌联系和依恋(Rindfleisch et al.,2009)。

5. 亲社会行为

在亲社会行为领域,死亡凸显的相关研究大多集中于个体的捐赠行为。首先,在死亡凸显的情境下,个体会提高对于慈善机构的评价(Jonas et al.,2002),而根据 Joireman 和 Duell(2007)的研究,相对于拥有较高自我超越价值观的个体,低自我超越价值观的个体在死亡凸显后对慈善机构的评价并无显著上升。其次,在捐赠意愿上,多项研究显示死亡凸显能提高个体向慈善机构的捐赠金额(Jonas et al.,2002;Cozzolino et al.,2004),类似地,Zaleskiewicz 等(2015)通过独裁者游戏和捐赠情境等证明了死亡凸显后的个体会更加慷慨。而 Cai 等(2015)则从捐赠诉求入手,证明了流行性的捐赠诉求在死亡凸显的情境下比以需求为中心的捐赠诉求更有效。死亡凸显也会对捐赠行为产生消极影响,例如死亡凸显会显著降低个体的器官捐赠意愿和对于轮椅使用者的帮助意愿(Hirschberger et al.,2008),但中国被试在死亡凸显情境下的器官捐赠意愿反而会显著上升（Xiao et al.，2017）。

在绿色行为方面，有研究显示死亡凸显会促进个体参与环保相关的社会公益活动并提高个体对清洁汽油等环境友好产品的偏好（Giannelloni et al.，1998）；对于将自我价值建立在可持续基础上的个体，死亡凸显还会增强其对环境的关注程度（Vess，Arndt，2008）。Fritsche 等（2010）则通过测量被试的信息搜寻、环保意愿与行为以及在森林管理游戏中的表现证明了当个体关注环保规范时，死亡凸显会显著提高其对环保行为的支持。此外，死亡凸显还会强化个体的互惠行为，例如提高曾给予帮助的服务员的小费金额（Schindler et al.，2013）。

6. 风险行为倾向

由于死亡凸显会引发个体的自尊寻求行为，在一定情境下，死亡凸显会提高个体进行风险行为的倾向。在与健康相关的风险行为中，由于西方审美体系中小麦色皮肤具有更高的个人魅力和社会地位象征意义，尽管日光浴会导致更高的皮肤癌风险，当个体认为小麦色皮肤更具吸引力时，死亡凸显仍然会增加被试对于日光浴的偏好和降低防晒产品的使用（Routledge et al.，2004）。此外，Hansen 等（2010）以香烟包装上的健康警告信息为刺激物，证明了当吸烟是个体的自尊来源时，相比于无死亡凸显的警告信息，阅读死亡凸显的警告信息反而会提高个体的吸烟倾向。但是，相比于文字警示信息，用能引发死亡凸显的视觉警示信息（即图片）来描述吸烟的危害可以提高吸烟者的信息认知处理水平和戒烟意愿（Veer et al.，2012）。

在驾驶行为上，当个体将驾驶能力视为自尊来源时，自我报告和模拟驾驶的实验结果都显示死亡凸显会引发个体的鲁莽驾驶倾向，具体表现为更高的速度等（Taubman-Ben-Ari et al.，1999；Miller，Mulligan，2002）。类似地，当个体将潜水作为自尊来源时，死亡凸显也会提高使潜水者更愿意进行冒险（Miller & Taubman-Ben-Ari，2004）。在风险决策上，Landau 和 Greenberg（2006）则从调节聚焦出发，通过三个实验证明了在赌博情境中，死亡凸显后的高自尊个体更偏好高回报高风险的选项，而低自尊个体更倾向于选择低回报低风险的选项。此外，由于风险行为被视为更有男子气概，死亡凸显下的男性更倾向于进行冒险行为（Ferraro et al.，2005）。

7. 营销刺激的视角

除具体的行为倾向外，还有学者就死亡凸显对消费者在营销环境中的刺激感知的影响进行探究。例如，Huang 等（2018）学者将接触与死亡相关的媒体信息和经典的死亡凸显操纵进行对比，实验结果显示，接触与死亡相关的媒体信息会影响消费者的价值取向，即将消费者的注意力从外在价值转移到内在价值，从而减少消费者对营销刺激物的关注，但当营销刺激与内在价值相关时，该效应会被逆转；与之相对的是，思考自己的死亡会增加消费者对营销刺激物的敏感度。Goode 和 Iwasamadge（2019）则提出了一种由死亡凸显引发的麻木效应并得到了被试脑电数据和自我报告数据的支持，该效应是指思考死亡会削弱消费者的情绪反应和感知，因此死亡凸显情境下的消费者会降低对未来消费体验的情绪预期，也就是说，未来消费体验的吸引力会下降；此外，该研究还证明了观看与死亡相关的广告会降低人们对后续广告的情绪反应。

另外，由于存在焦虑的作用，死亡凸显情境下的个体会倾向于否认人的动物性，因此在接触宣扬人类独特性的品牌广告后，消费者会对该品牌抱有更积极的态度，而当品牌广告突出人与动物的相似性时，消费者对该品牌的态度会变得更消极（Davidson，Laroche，2018）。类似地，虽然男性通常对含有女性性感元素的广告持正面看法，但在死亡凸显的情境下，男性消费者会对含有女性性特征的广告呈消极态度并因此降低产品的购买意愿（Lee et al.，2017）。

（二）死亡凸显与组织行为

1. 领导者偏好

"9·11"事件后，多名学者以政治选举为例证明了在死亡凸显的背景下，个体会显著增加对魅力型领导的偏好（Cohen et al.，2004；Landau et al.，2014）；同时，个体更偏好在危机时期具有决断力和远见的领导者（Williams et al.，2009）。之后，组织行为学学者们对此进行了更为深入的研究，例如 Hoyt 等（2009）发现死亡凸显对刻板印象的强化作用会导致员工对男性领导者的偏好显著上升；另外，死亡凸显引发的内群体偏好会使员工更倾向于选择相同性别的领导者。此外，有学者结合内隐领导理论证明，死亡凸显会显著提升内隐有效领导者的能动导向，但在共有导向上并未形成显著差异（Hoyt et al.，2011）。

2. 员工工作行为

鉴于恐惧管理理论研究结果的普遍性和适用性，Grant 和 Wade-Benzoni（2009）发表了第一篇关于死亡凸显与员工工作行为的理论文章，该文章认为死亡凸显引发的焦虑会使员工产生自我保护动机并进一步激活压力相关的退缩行为，主要表现在员工做事缓慢、缺勤以及雇员流失上。Sliter 等（2014）则利用护士和消防员样本证明死亡凸显会对员工的职业健康产生负面影响，增加职业倦怠和缺勤行为。

但也有学者认为死亡凸显反而会对员工产生积极的影响，例如 Jonas 等（2011）通过实验证明，由于工作场所能带给员工一定的安全感和自我超越感，在死亡凸显的情境下，员工更倾向于维护组织并提升对组织文化的认可度。类似地，Yaakobi（2015）证明死亡凸显会显著提升员工的工作欲望，同时，激活工作欲望实现的想法会显著降低被试的死亡相关想法可及性以及文化世界观防御倾向，因此工作欲望可以作为应对死亡凸显的焦虑缓冲器。此外，还有学者就死亡凸显效应的性别差异展开研究，结果显示，女性员工在事业和孩子之间更愿意选择事业，而男性则更愿意拥有更多的孩子，这可能是男女性之间的生育负担差异造成的（Wisman，Goldenberg，2005）。

3. 偏见和歧视

在文化世界观防御的作用下，死亡凸显后的员工会表现出较强的内群体偏好，因此死亡凸显可能会对组织内部的人际关系造成消极影响。此外，组织成员在招聘过程中可能会更倾向于雇佣内群体成员（Stein，Cropanzano，2011）。进一步地，根据 King 等（2011）的研究，对外群体成员的偏见会对组织绩效产生消极影响。另外，由于观察老年群体可能会引发员工对人体的脆弱性感知并触发死亡相关想法，Martens 等（2005）认为死亡凸显可以帮助理解劳动力市场的年龄歧视现象。

4. 其他

就组织公平而言，在死亡凸显的情境下，由于不确定性的作用，程序公平对组织成员的重要性显著上升（Van den Bos，Miedema，2000）；而 Stein 等（2011）则通过"9·11"事件前后的档案数据发现，死亡凸显会通过影响越轨行为惩罚的一致性对组织公平产生消极影响，其中道德严重程度高的越轨者会在死亡凸显后获得更严厉的惩罚。另外，Chen 等（2019）通过一系列数据证明了个体死亡与组织亲社会行为之间的关联性，在董事去世后，CEO 将公司创新资源引向企业社会责任的可能性会显著上升。

第三节　疫情对经济的影响

一、疫情的定义与类型

疫情（Epidemic）是指传染性疾病的发生和发展情况，美国疾病控制与预防中心（CDC）将其定义为在特定时期内、在特定地区或特定人群中发生的且造成超过预期的疾病、伤害或其他健康问题病例的疾病。14 世纪的黑死病、16 世纪的天花、

20 世纪的西班牙流感都是人类历史上的重大疫情，对于历史进程的发展有着深远的影响。进入 21 世纪后，世界范围内共发生了四次大规模疫情，分别是 2002—2003 年的非典、2009—2010 年的甲型流感病毒、2012—2015 年的中东呼吸综合征以及 2019 年开始暴发的新冠肺炎。

根据暴发特点，疫情可以分为共同来源暴发型疫情和传播暴发型疫情两类。共同来源暴发型疫情是指被感染的个体都接触了同一个病原体。如果接触过程是单一的且所有感染个体都是在单次接触之后感染疾病，可以称其为点源暴发；如果接触过程是连续的或可变的，可以称其为连续性暴发或间歇性暴发。传播暴发型疫情中是指疾病会在人与人之间传播，被感染的个体可以成为新的病毒存储源，当他人接触他被感染的个体后，疾病就进行进一步的传播与扩散。此外，许多流行病同时具备共同来源暴发和传播暴发的特征，这也被称为混合暴发型疫情。对于流感大流行，世界卫生组织（WHO）将其划分为 6 个级别，如表 3-2 所示。

表 3-2 流感大流行的分级

等级	表现
第 1 级	某种流感病毒在动物间传播，有可能进化为可传染人类的病毒
第 2 级	某种动物间传播的流感病毒导致人类感染
第 3 级	某种流感病毒已造成人类感染，并已小规模传播
第 4 级	某种流感病毒已经证实可在人际间传播，并可以在社区层面引起群体性暴发，是流感大流行风险增大的重要节点
第 5 级	某种流感病毒在同一地区（如北美洲）至少两个国家内人际间传播并造成了持续性疫情
第 6 级	某种流感病毒在两个或两个以上地区人际间传播，也就是说，病毒在全球范围内蔓延

资料来源：http://www.euro.who.int/en/health-topics/。

二、以往疫情对经济的影响

作为突发公共卫生事件，疫情会对经济产生外生冲击，这可大致分为需求冲击和攻击冲击。多数学者认为疫情对经济的影响以需求侧为主，并仅产生短期影响（王元龙，苏志欣，2003；朱迎波 等，2003；Keogh-Brown，Smith，2008；Rassy，Smith，2013）。其中，王元龙和苏志欣（2003）从出口、居民消费等方面出发分析了非典疫情对我国经济需求侧的影响；朱迎波等（2003）则是从旅游业的视角入手；Keogh-Brown 和 Smith（2008）的研究检验了非典疫情对于多个国家的经济影响，结果显示，疫情对经济的冲击时长一般不超过一个季度；Rassy 和 Smith（2013）则就甲型流感病毒对墨西哥旅游以及猪肉行业的经济影响进行分析，并发现这一外生冲击在当年便得到了恢复。

由于疫情对人类的生命安全存在重大威胁，也有学者从人口增长以及人力资本损失的供给侧视角探讨疫情对经济的长期影响（陈诗一，郭俊杰，2020）。例如，Barro 和 Salt-I-Martin（1995）基于新古典增长模型提出，疫情大规模暴发对人口和劳动力供给的冲击会导致资本更快速地积累，从而加速产出增长，这一观点得到了西班牙流感的数据支持（Brainerd，Siegler，2002）。然而，Corrigan 等（2005）的研究认为，艾滋病疫情所导致的人力资本积累的减少会对长期经济产生负面影响，这一观点得到了 Bell 等（2006）的迭代模型的验证，经过四代传递后，艾滋病疫情将使得经济缩减一半。

从行业角度来看，疫情期间，个人或政府会承担相关医疗服务的费用，这些疫情医疗损失包括疫苗注射费、化验费、药品费、手术费、住院费等。医疗消费需求的上升会增加相应的资金投入，从而推动医疗行业的发展，保险行业也呈现出相应的发展特点（夏伟 等，2012）。另外，出于被感染的恐慌，个体会减少不必要的外出；疫情引发的死亡凸显会提升个体的储蓄率，进而降低当下的需求。因此，餐饮娱乐（Keogh-Brown，Smith，2008）、旅游休闲（Siu，Wong，2004）、交通运输（张文斗 等，2012）等第三产业会在短时间内受到巨大冲击（Jones，Salathé，2009）。但这类冲击与疫情的传播程度有密切关系，当疫情消失后，负面影响会迅速消退（张文斗 等，2012）。但疫情也会对某些行业产生长远的影响，例如非典疫情改变了居民的消费习惯，极大地推动了电子商务的发展（赵廷超，2003）。

三、新冠肺炎疫情对经济的影响

相比于 21 世纪发生的以往疫情，新冠肺炎病毒的传播速度更快、传播范围更广、可预计持续时间更长，在全球范围内拥有极高的病例数和死亡人数。因此，新冠疫情对国民经济具有较大的冲击力。从时间上看，本次疫情对中国经济的影响可以分为两个时期，分别是疫情在国内蔓延对于中国经济的第一次冲击和疫情在全球蔓延后对中国经济的第二次冲击（吴婷婷，朱昂昂，2020）。新冠疫情累计确诊病例的时间趋势变化图如图 3-2 所示。

（一）新冠肺炎疫情对于中国经济的第一次冲击

从供给端看，在疫情中早期阶段，为了防止疫情大面积扩散，中央和地方政府大力施行"停产停工"政策、延长春节假期、封闭主要运输路线，给工业生产带来了较大的负面冲击。从需求端看，消费、投资和出口在短时间内迅速下降，下降幅度高达20%以上。在消费方面，虽然整体呈下降态势，但在线医疗、网络购物和线上教育等数字经济在疫情的推动下迅速发展；在投资方面，制造业和基建项目的投资支出均呈下降趋势；在进出口方面，大多数国家都针对疫情防控发布了相关政策和法令，因此国际经贸往来大幅度减少。

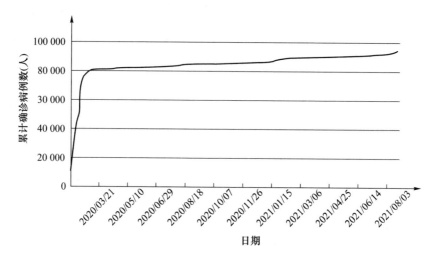

图 3-2　我国新冠肺炎疫情累计确认病例数

就第一产业而言，由于大型交易市场停止营业且部分地区交通阻断，养殖业因缺乏饲料、出售困难受到了较大的负面影响。第二产业由于不能进行正常的运营和人生产，大部分企业的成本负担加重。另外，市场需求呈现出下降趋势。因此，很多企业存在现金流紧张的情况，小微企业面临的挑战尤为严峻。此外，由于异地出行需要隔离，劳动力的流动性大大下降，广东、浙江、上海等地出现了用工荒的现象。第三产业的影视、娱乐、旅游、酒店、餐饮等行业均在短期内受到巨大冲击，但医疗健康产业在疫情的推动下迎来爆发式增长。此外，在线医疗、生鲜电商、线上教育和办公等行业也迈入高速发展时期。

（二）新冠肺炎疫情对于中国经济的第二次冲击

在科学的疫情防控措施下，本土新冠肺炎疫情得到了有效遏制，国内进入了常态化疫情防控阶段。然而，新冠肺炎却已在全球范围内广泛传播，许多国家的经济因此陷入停滞甚至是衰退状态、逆全球化的思潮逐渐兴起，我国的进出口贸易也因此受到了较大冲击。

在第一产业，全球农产品供应链的稳定性在较大程度上受到新冠肺炎疫情的冲击，很多国家都对农产品进出口进行贸易限制，在这些因素的作用下，我国农产品的进出口规模相比往年呈下降趋势。在第二产业,由于国外消费者的需求放缓、国际运输成本提升以及部分国家对于中国疫情的顾虑,我国制造业出口受到了较大的冲击。在第三产业,由于人员流动的不便,跨境交通、跨境旅游行业呈现停滞状态,国际留学等活动也遭受了阻碍。

第四节　疫情对消费行为的影响

一、疫情对消费者心理的影响

首先,疫情暴发能起到死亡凸显的作用(Burke et al., 2010),因此文化世界观、自尊和亲密关系等恐惧管理防御机制会被激活,消费者心理会受到死亡凸显的影响。其次,虽然人体具有免疫系统,但是由于对抗病原体的能力是生存的基础(Mortensen et al., 2010),为了减轻生理上的代价和防范漏网之鱼,人类也进化出了行为免疫系统(Behavioral Immune System,BIS)作为抵抗病原体的第一道防线(Schaller,Murray,2008)。当疫情暴发时,环境中的传染病线索会激活行为免疫系统,并难以避免的影响消费者的社会态度(Schaller and Park,2011)。例如,Mortensen 等(2010)发现,在疾病线索突出的情况下,个体对自己外向性的评价会降低,并显示出对他人的回避行为。

在情绪方面,Galoni 等(2020)的研究发现,传染病线索时在引发消费者厌恶(disgust)的同时也会引发恐惧(fear)。在疫情暴发的早期阶段,Wang 等(2020)利用事件影响量表修订版(the Impact of Event Scale-Revised,IES-R)和抑郁焦虑压力量表(the Depression,Anxiety and Stress Scale,DASS-21)测量了来自中国 194 个城市的 1 210 位受访者,调查结果显示,超过五成的受访者认为新冠肺炎疫情对自己的心理产生了中度或重度影响,大约三分之一的受访者报告了中度至重度的焦虑水平;Li 等(2020)则通过在线生态识别(OER)的方法,对 17 865 名微博活跃用户的帖子进行抽样分析,计算词频、情绪指标和认知指标后的结果显示,新冠肺炎疫情增加了消费者的负面情绪(如焦虑、抑郁和愤慨)和对社会风险的敏感度,积极情绪(如幸福)和生活满意度的得分则出现了显著下降。

在疫情暴发期间,为了减缓疾病传播,政府往往会强调个体要保持社交距离(Social Distancing),这一政策会对个体的归属感需求造成威胁,提升个体的孤独感水平并负面影响个体的认知表现（Cacioppo，Hawkley，2009）。然而，这一政策也会在一定程度上带来的积极影响。例如，居家隔离或远程办公会显著增加人们与家人的相处时间，这会促进个体与家人的情感沟通，有助于维护亲密关系（Donthu，Gustafsson，2020）。此外，由于病毒是人类共同面对的敌人，疫情也有可能强化个体和他人的联结感知，增加同理心或互惠心理。

二、疫情对消费者行为的影响

（一）囤积行为

囤积行为（Hoarding）是指消费者收集和购买大量远超过当前需要数量的财物来以备将来使用的行为，从进化的观点来看，这是消费者应对威胁时的一种本能的反应（Frost，Gross，1993），有助于获得安全感和舒适感。虽然囤积在某些情况下是有必要的，但大量囤积的非理性行为会加剧恐慌心理并混乱社会秩序。在新冠肺炎疫情期间，不仅消毒液、酒精、口罩等防疫用品遭到了疯狂抢购，而且卫生纸、酵母、通心粉等与疫情相关程度较低的产品也频繁出现脱销的现象（Pantano et al.，2020）。

（二）旅行偏好与决策

虽然大部分消费者在疫情期间会尽量避免外出，但对于新冠肺炎这类拥有较长持续时间的疫情而言，外出需求是很难避免的。在旅游管理领域，Kim 等（2020a）基于补偿性消费理论发现，新冠肺炎疫情引发的高威胁感知会提升消费者的安全寻求倾向，因此消费者更倾向于在选择集中选择更昂贵的产品选项，这一实验结果也得到了 Google 趋势的数据支持。除了价格外，服务提供者也会影响消费者的偏好，当新冠疫情被强调后，相比人类提供服务的酒店，消费者更加偏好机器人提供服务的酒店，这是因为消费者在新冠肺炎疫情的影响下更加注重安全和保持社交距离（Kim et al，2020b）。Park 等（2021）的研究则通过五个实验证明了，当传染病线索突出时，消费者对于拥挤的旅行和住宿方式的偏好显著下降，但对于高刺激寻求水平和高独特性追求的消费者而言，他们反而更倾向于选择拥挤的旅行和住宿方式。

（三）产品偏好

首先，出于当下的需求，疫情会提升消费者对于防疫产品、清洁类产品的偏好。对于其他中性类别的产品，在文化世界观防御机制的作用下，消费者会对本国生产的产品表现出更高的偏好（Alexa et al.，2021；Liu，Smeester，2010）。Alexa 等（2021）的研究还发现，疫情会增加消费者购买可持续产品的意愿。此外，消费者的购买决策也会受到品牌应对疫情方式的影响,履行社会责任的品牌将更可能获得消费者的青睐(Kirk,Rifkin,2020)。基于心理抗拒理论和恐惧管理理论,Kim(2020)利用巧克力、苏打水和文具证明了由新冠肺炎引发的感知威胁的增加使消费者在多选情境下更倾向于选择多种不同选项产品;选项产品所归属的品牌数量会对这一效应起调节作用,当决策涉及不同品牌的产品时,新冠疫情的凸显会显著提升消费者的多样化寻求倾向,然而,当产品选择决策只在单独品牌内进行时,新冠疫情的凸显则会降低多样化寻求倾向。为了应对社交隔离带来的孤独感(Killgore,2020),一部分消费者选择通过和伴侣机器人进行互动的方式来应对缺乏社会支持的挑战(Odekerken-Schröder et al.,2020)。

Galoni 等(2020)的研究发现,传染病线索能够增加消费者对更熟悉产品的偏好,这是因为消费者的感知控制水平受到了威胁。Huang 等(2020)的研究则证明了在接触传染病线索后,相比于非典型产品,消费者对于典型产品的偏好会降低,这是因为典型产品会产生与人群的内隐联想,而行为免疫系统会引发消费者规避他人的倾向。有学者认为,这两项研究的结果存在一定程度的矛盾,根据基于消费的情感调节(Consumption-based Affect Regulation)和消费者心态(Consumers' Mindset)这两大领域的文献,Septianto 和 Chiew(2021)的研究提出,对于拥有固定心态的消费者而言,对于新冠疫情的感知威胁将会增加其对典型产品的偏好,这是因为在这类消费者中,感知威胁会被自我保护所调节;对于拥有成长心态的消费者而言,对于新冠疫情的感知威胁将会降低其对典型产品的偏好,这是因为在这类消费者中,感知威胁会被重新获得控制感所调节。

(四)拥抱数字技术

在疫情期间,居家隔离等广泛实施的政策会对消费者的习惯产生根本性的影响。首先,保持社交距离所带来的孤独感会提高消费者对于互联网和社交媒体的使用频率。其次,为了和不同住所的家人、朋友保持联系,视频聊天使用率和普及率都在短时间内快速提升。出于远程办公的刚性需求,Zoom 等远程办公软件的用户数量实现了跳跃式增长;依托于互联网的远程医疗服务也迈入了快速增长阶段(Sheth,2020)。在购物方面,线上购物渠道的销售比例进一步上升,受成本影响,ZARA、吉野家等知名国际品牌均削减了实体店数量;生鲜电商、直播购物等新型线上购物模式则呈现出了蓬勃发展的态势。为了减少人际接触和使用现金的病毒传播风险,电子支付在老年群体中的渗透率也得到了提高。

本章参考文献

[1] 赵廷超,2003. SARS肆虐中国电子商务阳光灿烂 [J]. 电子商务世界,(05):28-41.

[2] 张文斗,祖正虎,许晴,等,2012. SARS疫情对中国交通运输业和电信业的影响分析 [J]. 军事医学,36 (10):762-764.

[3] 夏伟,陈庆华,李放军,等,2012. 730例流行性感冒样病例经济负担研究 [J]. 中国疫苗和免疫,18 (06):518-520.

[4] 吴婷婷,朱昂昂,2020. 新冠肺炎疫情对中国经济的影响及应对策略 [J]. 南方金融 (05):3-11.

[5] 翁智刚,张睿婷,宋利贞,2011. 基于恐怖管理理论的灾后消费行为及群体归属感研究 [J]. 中国软科学 (01):181-192.

[6] 王元龙,苏志欣,2003. 非典型肺炎疫情对中国经济的影响及对策 [J]. 国际金融研究 (06):48-52.

[7] 王建华,杜琳,罗不凡,等,2006. 广州市SARS病例经济负担研究 [J]. 华南预防医学 (04):14-17.

[8] 柳武妹,王海忠,何浏,2014. 人之将尽,消费国货?死亡信息的暴露增加国货选择的现象、中介和边界条件解析 [J]. 心理学报,46 (11):1748-1759.

[9] 陈诗一,郭俊杰,2020. 新冠肺炎疫情的经济影响分析:长期视角与短期应对 [J]. 经济理论与经济管理 (08):32-44.

[10] 王建华,杜琳,罗不凡,等,2006. 广州市SARS病例经济负担研究 [J]. 华南预防医学,(4):14-17.

[11] ALEXA L,APETREI A,SAPENA J,2021. The covid-19 lockdown effect on the intention to purchase sustainable brands. Sustainability,13.

[12] ANGLIN S M,2014. From avoidance to approach:The effects of mortality salience and attachment on the motivation to repair troubled relationships. Personality and Individual Differences,66:86-91.

[13] ARNDT J,GREENBERG J,PYSZCZYNSKI T,et al,1997. Subliminal exposure to death-related stimuli increases defense of the cultural

worldview. Psychological Science, 8: 379-385.

[14] ARNDT J, GREENBERG J, SCHIMEL J, et al, 2002. To belong or not to belong, that is the question: Terror management and identification with gender and ethnicity. Journal of Personality and Social Psychology, 83: 26-43.

[15] ARNDT J, GREENBERG J, SIMON L, et al, 1998. Terror management and self-awareness: Evidence that mortality salience provokes avoidance of the self-focused state. Personality and Social Psychology Bulletin, 24: 1216-1227.

[16] ARNDT J, SCHIMEL J, GOLDENBERG J L, 2003. Death can be good for your health: Fitness intentions as a proximal and distal defense against mortality salience. Journal of Applied Social Psychology, 33: 1726-1746.

[17] ARNDT J, SOLOMON S, KASSER T, et al, 2004. The urge to splurge: A terror management account of materialism and consumer behavior. Journal of Consumer Psychology, 14: 198-212.

[18] BARRO R J, SALA-I-MARTIN X, 1995. Economic growth. New York: McGraw-Hill.

[19] BECKER E, 1962. The birth and death of meaning. New York: Free Press.

[20] BECKER E, 1975. Escape from evil. New York: Free Press.

[21] BELK R W, 1988. Possessions and the extended self. Journal of Consumer Research, 15: 139-168.

[22] BELL C, DEVARAJAN S, GERSBACH H, 2006. The long-run economic costs of aids: A model with an application to south africa. World Bank Economic Review, 20: 55-89.

[23] BEN-ARI O T, FLORIAN V, MIKULINCER M, 1999. The impact of mortality salience on reckless driving: A test of terror management mechanisms. Journal of Personality and Social Psychology, 76: 35-45.

[24] BEN-ARI O T, FLORIAN V, MIKULINCER M, 2000. Does a threat appeal moderate reckless driving? A terror management theory perspective. Accident Analysis and Prevention, 32: 1-10.

[25] BOEUF B, 2019. The impact of mortality anxiety on attitude toward product innovation. Journal of Business Research, 104: 44-60.

[26] BRAINERD E, SIEGLER M, 2003. The economic effects of the 1918 influenza epidemic. Research Papers in Economics.

[27] BURKE B L, MARTENS A, FAUCHER E H, 2010. Two decades of terror management theory: A meta-analysis of mortality salience research. Personality and Social Psychology Review, 14: 155-195.

[28] BUSS D M, SCHMITT D P, 1993. Sexual strategies theory-an evolutionary perspective on human mating. Psychological Review, 100: 204-232.

[29] CACIOPPO J T, HAWKEY L C, 2009. Perceived social isolation and cognition. Trends in Cognitive Sciences, 13: 447-454.

[30] CAI F, WYER R S, JR, 2015. The impact of mortality salience on the relative effectiveness of donation appeals. Journal of Consumer Psychology, 25: 101-112.

[31] CHEN G, CROSSLAND C, HUANG S, 2020. That could have been me: Director deaths, ceo mortality salience, and corporate prosocial behavior. Management Science, 66: 3142-3161.

[32] COHEN A B, SIEGEL J I, ROZIN P, 2003. Faith versus practice: Different bases for religiosity judgments by jews and protestants. European Journal of Social Psychology, 33: 287-295.

[33] COHEN F, SOLOMON S, MAXFIELD M, et al, 2004. Fatal attraction-the effects of mortality salience on evaluations of charismatic, task-oriented, and relationship-oriented leaders. Psychological Science, 15: 846-851.

[34] CONTE H R, WEINER M B, PLUTCHIK R, 1982. Measuring death anxiety-conceptual, psychometric, and factor-analytic aspects. Journal of Personality and Social Psychology, 43: 775-785.

[35] CORRIGAN P, GLOMM G, MENDEZ F, 2005. Aids crisis and growth. Journal of Development Economics, 77: 107-124.

[36] COX C R, ARNDT J, 2012. How sweet it is to be loved by you: The role of perceived regard in the terror management of close relationships. Journal of Personality and Social Psychology, 102: 616-632.

[37] COX C R, ARNDT J, PYSZCZYNSKI T, et al, 2008. Terror management and adults' attachment to their parents: The safe haven remains. Journal of Personality and Social Psychology, 94: 696-717.

[38] COZZOLINO P J, STAPLES A D, MEYERS L S, et al, 2004. Greed, death, and values: From terror management to transcendence management theory. Personality and Social Psychology Bulletin, 30: 278-292.

[39] CRAIG A D, 2009. How do you feel-now? The anterior insula and human awareness. Nature Reviews Neuroscience, 10: 59-70.

[40] DAS E, BUSHMAN B J, BEZEMER M D, et al, 2009. How terrorism news reports increase prejudice against outgroups: A terror management account. Journal of Experimental Social Psychology, 45: 453-459.

[41] DAVIDSON A, LAROCHE M, 2018. Consumer preferences for human uniqueness in marketing communications. Journal of Marketing Communications, 24 (5): 506-517.

[42] DECHESNE M, GREENBERG J, ARNDT J, et al, 2000. Terror management and the vicissitudes of sports fan affiliation: The effects of mortality salience on optimism and fan identification. European Journal of Social Psychology, 30: 813-835.

[43] DONTHU N, GUSTAFSSON A, 2020. Effects of covid-19 on business and research. Journal of Business Research, 117: 284-289.

[44] FERRARO R, SHIV B, BETTMAN J R, 2005. Let us eat and drink, for tomorrow we shall die: Effects of mortality salience and self-esteem on self-regulation in consumer choice. Journal of Consumer Research, 32: 65-75.

[45] FLORIAN V, KRAVETZ S, 1983. Fear of personal death-attribution, structure, and relation to religious belief. Journal of Personality and Social Psychology, 44: 600-607.

[46] FLORIAN V, MIKULINCER M, HIRSCHBERGER G, 2002. The anxiety-buffering function of close relationships: Evidence that relationship commitment acts as a terror management mechanism. Journal of Personality and Social Psychology, 82: 527-542.

[47] FRANSEN M L, FENNIS B M, PRUYN A T H, et al, 2008. Rest in peace? Brand-induced mortality salience and consumer behavior. Journal of Business Research, 61: 1053-1061.

[48] FRANSEN M L, SMEESTERS D, FENNIS B M. 2011. The role of social presence in mortality salience effects. Journal of Business Research, 64: 29-33.

[49]　FRIESE M, HOFMANN W, 2008. What would you have as a last supper? Thoughts about death influence evaluation and consumption of food products. Journal of Experimental Social Psychology, 44: 1388-1394.

[50]　FRITSCHE I, JONAS E, KAYSER D N, et al, 2010. Existential threat and compliance with pro-environmental norms. Journal of Environmental Psychology, 30: 67-79.

[51]　FROST R O, GROSS R C, 1993. The hoarding of possessions. Behaviour Research and Therapy, 31: 367-381.

[52]　GAILLIOT M T, SCHMEICHEL B J, BAUMEISTER R F, 2006. Self-regulatory processes defend against the threat of death: Effects of self-control depletion and trait self-control on thoughts and fears of dying. Journal of Personality and Social Psychology, 91: 49-62.

[53]　GALONI C, CARPENTER G S, RAO H, 2020. Disgusted and afraid: Consumer choices under the threat of contagious disease. Journal of Consumer Research, 47: 373-392.

[54]　GASIOROWSKA A, ZALESKIEWICZ T, KESEBIR P, 2018. Money as an existential anxiety buffer: Exposure to money prevents mortality reminders from leading to increased death thoughts. Journal of Experimental Social Psychology, 79: 394-409.

[55]　GIANNELLONI J L, 1998. Les comportements liÉs À la protection de l'environnement et leurs dÉterminants: Un État des recherches en marketing. Recherche Et Applications En Marketing, 13 (2): 49-72.

[56]　GOLDENBERG J L, ARNDT J, HART J, et al, 2005. Dying to be thin: The effects of mortality salience and body mass index on restricted eating among women. Personality and Social Psychology Bulletin, 31: 1400-1412.

[57]　GOLDENBERG J L, COX C R, PYSZCZYNSKI T, et al, 2002. Understanding human ambivalence about sex: The effects of stripping sex of meaning. Journal of Sex Research, 39: 310-320.

[58]　GOLDENBERG J L, HART J, PYSZCZYNSKI T, et al, 2006. Ambivalence toward the body: Death, neuroticism, and the flight from physical sensation. Personality and Social Psychology Bulletin, 32: 1264-1277.

[59]　GOODE M R, IWASA-MADGE D, 2019. The numbing effect of mortality

salience in consumer settings. Psychology & Marketing, 36: 630-641.

[60] GRANT A M, WADE-BENZONI K A, 2009. The hot and cool of death awareness at work: Mortality cues, aging, and self-protective and prosocial motivations. Academy of Management Review, 34: 600-622.

[61] GREENBERG J, KOSLOFF S, SOLOMON S, et al, 2010. Toward understanding the fame game: The effect of mortality salience on the appeal of fame. Self and Identity, 9: 1-18.

[62] GREENBERG J, PYSZCZYNSKI T, SOLOMON S, et al, 1994. Role of consciousness and accessibility of death-related thoughts in mortality salience effects. Journal of Personality and Social Psychology, 67: 627-637.

[63] GREENBERG J, PYSZCZYNSKI T. , SOLOMON S. , 1986. He causes and consequences of the need for self-esteem: A terror management theory. New York: Springer-Verlag.

[64] GREENBERG J, SOLOMON S, VEEDER M, et al, 1990. Evidence for terror management theory . 2. The effects of mortality salience on reactions to those who threaten or bolster the cultural worldview. Journal of Personality and Social Psychology, 58: 308-318.

[65] GREENBERG J, SOLOMON S. , ARNDT J, 2008. A uniquely human motivation: Terror management.

[66] GUAN L, CHEN Y, XU X, et al, 2015. Self-esteem buffers the mortality salience effect on the implicit self-face processing. Personality and Individual Differences, 85: 77-85.

[67] HAN S, QIN J, MA Y, 2010. Neurocognitive processes of linguistic cues related to death. Neuropsychologia, 48: 3436-3442.

[68] HANSEN J, WINZELER S, TOPOLINSKI S, 2010. When the death makes you smoke: A terror management perspective on the effectiveness of cigarette on-pack warnings. Journal of Experimental Social Psychology, 46: 226-228.

[69] HARMON-JONES E, SIMON L, GREENBERG J, et al, 1997. Terror management theory and self-esteem: Evidence that increased self-esteem reduces mortality salience effects. Journal of Personality and Social Psychology, 72: 24-36.

[70]　HE H, HARRIS L, 2020. The impact of covid-19 pandemic on corporate social responsibility and marketing philosophy. Journal of Business Research, 116: 176-182.

[71]　HEINE S J, HARIHARA M, NIIYA Y, 2002. Terror management in japan. Asian Journal of Social Psychology, 5: 187-196.

[72]　HIRSCHBERGER G, EIN-DOR T, ALMAKIAS S, 2008. The self-protective altruist: Terror management and the ambivalent nature of prosocial behavior. Personality and Social Psychology Bulletin, 34: 666-678.

[73]　HOYT C L, SIMON S, INNELLA A N, 2011. Taking a turn toward the masculine: The impact of mortality salience on implicit leadership theories. Basic and Applied Social Psychology, 33: 374-381.

[74]　HOYT C L, SIMON S, REID L, 2009. Choosing the best (wo) man for the job: The effects of mortality salience, sex, and gender stereotypes on leader evaluations. Leadership Quarterly, 20: 233-246.

[75]　HUANG Y, SENGUPTA J, 2020. The influence of disease cues on preference for typical versus atypical products. Journal of Consumer Research, 47: 393-411.

[76]　HUANG Z, HUANG X, JIANG Y, 2018. The impact of death-related media information on consumer value orientation and scope sensitivity. Journal of Marketing Research, 55: 432-445.

[77]　HUANG Z, WYER R S, JR, 2015. Diverging effects of mortality salience on variety seeking: The different roles of death anxiety and semantic concept activation. Journal of Experimental Social Psychology, 58: 112-123.

[78]　JOIREMAN J, DUELL B, 2005. Mother teresa versus ebenezer scrooge: Mortality salience leads proselfs to endorse self-transcendent values (unless proselfs are reassured). Personality and Social Psychology Bulletin, 31: 307-320.

[79]　JONAS E, FISCHER P, 2006. Terror management and religion: Evidence that intrinsic religiousness mitigates worldview defense following mortality salience. Journal of Personality and Social Psychology, 91: 553-567.

[80]　JONAS E, FRITSCHE I, GREENBERG J, 2005. Currencies as cultural symbols-an existential psychological perspective on reactions of germans toward the euro. Journal of Economic Psychology, 26: 129-146.

[81] JONAS E, KAUFFELD S, SULLIVAN D, et al, 2011. Dedicate your life to the company! A terror management perspective on organizations. Journal of Applied Social Psychology, 41: 2858-2882.

[82] JONAS E, KAYSER D N, MARTENS A, et al, 2008. Focus theory of normative conduct and terror-management theory: The interactive impact of mortality salience and norm salience on social judgment. Journal of Personality and Social Psychology, 95: 1239-1251.

[83] JONAS E, SCHIMEL J, GREENBERG J, et al, 2002. The scrooge effect: Evidence that mortality salience increases prosocial attitudes and behavior. Personality and Social Psychology Bulletin, 28: 1342-1353.

[84] JONES J H, SALATHE M, 2009. Early assessment of anxiety and behavioral response to novel swine-origin influenza a (h1n1). Public Library of Science, 4.

[85] JUHL J, ROUTLEDGE C, ARNDT J, et al, 2010. Fighting the future with the past: Nostalgia buffers existential threat. Journal of Research in Personality, 44: 309-314.

[86] KASSER T, SHELDON K M, 2000. Of wealth and death: Materialism, mortality salience, and consumption behavior. Psychological Science, 11: 348-351.

[87] KAWAKAMI N, MIURA E, NAGAI M, 2018. When you become a superman: Subliminal exposure to death-related stimuli enhances men's physical force. Frontiers in Psychology, 9.

[88] KELLEY N J, SCHMEICHEL B J, 2015. Mortality salience increases personal optimism among individuals higher in trait self-control. Motivation and Emotion, 39: 926-931.

[89] KEOGH-BROWN M R, SMITH R D, 2008. The economic impact of sars: How does the reality match the predictions? Health Policy, 88: 110-120.

[90] KILLGORE W D S, CLOONAN S A, TAYLOR E C, et al, 2020. Loneliness: A signature mental health concern in the era of covid-19. Psychiatry Research, 290.

[91] KIM J, LEE J, JHANG J, et al, 2021. The impact of the covid-19 threat on the preference for high versus low quality/price options. Journal of Hospitality Marketing & Management, 30: 699-716.

[92]　KIM S, KIM J, BADU-BAIDEN F, et al, 2021. Preference for robot service or human service in hotels? Impacts of the covid-19 pandemic. International Journal of Hospitality Management, 93.

[93]　KING E B, DAWSON J F, WEST M A, et al, 2011. Why organizational and community diversity matter: Representativeness and the emergence of incivility and organizational performance. Academy of Management Journal, 54: 1103-1118.

[94]　KIRK C P, RIFKIN L S, 2020. I'll trade you diamonds for toilet paper: Consumer reacting, coping and adapting behaviors in the covid-19 pandemic. Journal of Business Research, 117: 124-131.

[95]　KLACKL J, JONAS E, KRONBICHLER M, 2014. Existential neuroscience: Self-esteem moderates neuronal responses to mortality-related stimuli. Social Cognitive and Affective Neuroscience, 9: 1754-1761.

[96]　KOOLE S L, SIN M T A, SCHNEIDER I K, 2014. Embodied terror management: Interpersonal touch alleviates existential concerns among individuals with low self-esteem. Psychological Science, 25: 30-37.

[97]　KOSLOFF S, GREENBERG J, WEISE D, et al, 2010. The effects of mortality salience on political preferences: The roles of charisma and political orientation. Journal of Experimental Social Psychology, 46: 139-145.

[98]　LAMBERT A J, EADEH F R, PEAK S A, et al, 2014. Toward a greater understanding of the emotional dynamics of the mortality salience manipulation: Revisiting the "affect-free" claim of terror management research. Journal of Personality and Social Psychology, 106: 655-678.

[99]　LANDAU M J, GREENBERG J, 2006. Play it safe or go for the gold? A terror management perspective on self-enhancement and self-protective motives in risky decision making. Personality and Social Psychology Bulletin, 32: 1633-1645.

[100]　LANDAU M J, SOLOMON S, GREENBERG J, et al, 2004. Deliver us from evil: The effects of mortality salience and reminders of 9/11 on support for president george w. Bush. Personality and Social Psychology Bulletin, 30: 1136-1150.

[101]　LEE S M, HEFLICK N A, PARK J W, et al, 2017. When sex doesn't

sell to men: Mortality salience, disgust and the appeal of products and advertisements featuring sexualized women. Motivation and Emotion, 41: 478-491.

[102] LEVI STRAUSS C. Les structures elementaires de la parents. The elementary structure of kinship. Mouton, Netherlands.

[103] LI S, WANG Y, XUE J, et al, 2020. The impact of covid-19 epidemic declaration on psychological consequences: A study on active weibo users. International Journal of Environmental Research and Public Health, 17.

[104] LIU J, SMEESTERS D, 2010. Have you seen the news today? The effect of death-related media contexts on brand preferences. Journal of Marketing Research, 47: 251-262.

[105] LYNCH S M, ZELLNER D A, 1999. Figure preferences in two generations of men: The use of figure drawings illustrating differences in muscle mass. Sex Roles, 40: 833-843.

[106] MANDEL N, HEINE S J, 1999. Terror management and marketing: He who dies with the most toys wins, in: Arnould, E. J., Scott, L. M. (Eds.), Advances in consumer research, 26: 527-532.

[107] MANDEL N, SMEESTERS D, 2008. The sweet escape: Effects of mortality salience on consumption quantities for high- and low-self-esteem consumers. Journal of Consumer Research, 35: 309-323.

[108] MARTENS A, GOLDENBERG J L, GREENBERG J, 2005. A terror management perspective on ageism. Journal of Social Issues, 61: 223-239.

[109] MIKULINCER M, FLORIAN V, 2002. The effects of mortality salience on self-serving attributions-evidence for the function of self-esteem as a terror management mechanism. Basic and Applied Social Psychology, 24: 261-271.

[110] MIKULINCER M, FLORIAN V, HIRSCHBERGER G, 2003. The existential function of close relationships: Introducing death into the science of love. Personality and Social Psychology Review, 7: 20-40.

[111] MILLER G, TAUBMAN O, BEN A, 2004. Scuba diving risk taking-a terror management theory perspective. Journal of Sport & Exercise Psychology, 26: 269-282.

[112] MILLER R L, MULLIGAN R D, 2002. Terror management: The effects of mortality salience and locus of control on risk-taking behaviors. Personality and Individual Differences, 33: 1203-1214.

[113] MORTENSEN C R, BECKER D V, ACKERMAN J M, et al, 2010. Infection breeds reticence: The effects of disease salience on self-perceptions of personality and behavioral avoidance tendencies. Psychological Science, 21: 440-447.

[114] NELSON L J, MOORE D L, OLIVETTI J, et al, 1997. General and personal mortality salience and nationalistic bias. Personality and Social Psychology Bulletin, 23: 884-892.

[115] NORENZAYAN A, DAR-NIMROD I, HANSEN I G, et al, 2009. Mortality salience and religion: Divergent effects on the defense of cultural worldviews for the religious and the non-religious. European Journal of Social Psychology, 39: 101-113.

[116] ODEKERKEN-SCHRODER G, MELE C, RUSSO-SPENA T, et al, 2020. Mitigating loneliness with companion robots in the covid-19 pandemic and beyond: An integrative framework and research agenda. Journal of Service Management, 31: 1149-1162.

[117] PANTANO E, PIZZI G, SCARPI D, et al, 2020. Competing during a pandemic? Retailers' ups and downs during the covid-19 outbreak. Journal of Business Research, 116: 209-213.

[118] PARK I-J, KIM J, KIM S, et al, 2021. Impact of the covid-19 pandemic on travelers' preference for crowded versus non-crowded options. Tourism Management, 87.

[119] PROULX T, HEINE S J, 2008. The case of the transmogrifying experimenter: Affirmation of a moral schema following implicit change detection. Psychological Science, 19: 1294-1300.

[120] PYSZCZYNSKI T, GREENBERG J, SOLOMON S, 1999. A dual-process model of defense against conscious and unconscious death-related thoughts: An extension of terror management theory. Psychological Review, 106: 835-845.

[121] PYSZCZYNSKI T, SOLOMON S, GREENBERG J, et al, 2004. Why do people need self-esteem? A theoretical and empirical review. Psychological

Bulletin, 130: 435-468.

[122] QUIRIN M, LOKTYUSHIN A, ARNDT J, et al, 2012. Existential neuroscience: A functional magnetic resonance imaging investigation of neural responses to reminders of one's mortality. Social Cognitive and Affective Neuroscience, 7: 193-198.

[123] RASSY D, SMITH R D, 2013. The economic impact of h1n1 on mexico's tourist and pork sectors. Health Economics, 22: 824-834.

[124] RENKEMA L J, STAPEL D A, VAN YPEREN N W, 2008. Go with the flow: Conforming to others in the face of existential threat. European Journal of Social Psychology, 38: 747-756.

[125] RINDFLEISCH A, BURROUGHS J E, WONG N, 2009. The safety of objects: Materialism, existential insecurity, and brand connection. Journal of Consumer Research, 36: 1-16.

[126] ROSENBLATT A, GREENBERG J, SOLOMON S, et al, 1989. Evidence for terror management theory. 1. The effects of mortality salience on reactions to those who violate or uphold cultural-values. Journal of Personality and Social Psychology, 57: 681-690.

[127] ROUTLEDGE C, ARNDT J, GOLDENBERG J L, 2004. A time to tan: Proximal and distal effects of mortality salience on sun exposure intentions. Personality and Social Psychology Bulletin, 30: 1347-1358.

[128] ROUTLEDGE C, ARNDT J, SEDIKIDES C, et al, 2008. A blast from the past: The terror management function of nostalgia. Journal of Experimental Social Psychology, 44: 132-140.

[129] ROUTLEDGE C, OSTAFIN B, JUHL J, et al, 2010. Adjusting to death: The effects of mortality salience and self-esteem on psychological well-being, growth motivation, and maladaptive behavior. Journal of Personality and Social Psychology, 99: 897-916.

[130] ROUTLEDGE C D, ARNDT J, 2009. Creative terror management: Creativity as a facilitator of cultural exploration after mortality salience. Personality and Social Psychology Bulletin, 35: 493-505.

[131] RUDERT S C, REUTNER L, WALKER M, et al, 2015. An unscathed past in the face of death: Mortality salience reduces individuals' regrets.

Journal of Experimental Social Psychology, 58: 34-41.

[132] SCHALLER M, MURRAY D R, 2008. Pathogens, personality, and culture: Disease prevalence predicts worldwide variability in sociosexuality, extraversion, and openness to experience. Journal of Personality and Social Psychology, 95: 212-221.

[133] SCHALLER M, PARK J H, 2011. The behavioral immune system (and why it matters). Current Directions in Psychological Science, 20: 99-103.

[134] SCHIMEL J, HAYES J, WILLIAMS T, et al, 2007. Is death really the worm at the core? Converging evidence that worldview threat increases death-thought accessibility. Journal of Personality and Social Psychology, 92: 789-803.

[135] SCHINDLER S, REINHARD M-A, DOBIOSCH S, et al, 2019. The attenuating effect of mortality salience on dishonest behavior. Motivation and Emotion, 43: 52-62.

[136] SCHINDLER S, REINHARD M-A, STAHLBERG D, 2013. Tit for tat in the face of death: The effect of mortality salience on reciprocal behavior. Journal of Experimental Social Psychology, 49: 87-92.

[137] SEPTIANTO F, CHIEW T M, 2021. Perceived threat of covid-19 influences product preferences: The moderating role of consumers' mindset. Australasian Marketing Journal, 29: 78-86.

[138] SHAH J Y, GARDNER, W. L. Handbook of motivation science. Guilford Press, New York, USA.

[139] SHETH J, 2020. Impact of covid-19 on consumer behavior: Will the old habits return or die? Journal of Business Research, 117: 280-283.

[140] SHI Z, HAN S, 2013. Transient and sustained neural responses to death-related linguistic cues. Social Cognitive and Affective Neuroscience, 8: 573-578.

[141] SIU A, WONG Y. C. R, 2004. Economic impact of sars: The case of hong kong. Asian Economic Papers, 3 (1): 62-83.

[142] SLITER M T, SINCLAIR R R, YUAN Z, et al, 2014. Don't fear the reaper: Trait death anxiety, mortality salience, and occupational health. Journal of Applied Psychology, 99: 759-769.

[143] SPITZER B L, HENDERSON K A, ZIVIAN M T, 1999. Gender differences in population versus media body sizes: A comparison over four decades. Sex Roles, 40: 545-565.

[144] STEIN J H, CROPANZANO R, 2011. Death awareness and organizational behavior. Journal of Organizational Behavior, 32: 1189-1193.

[145] STEIN J H, STEINLEY D, CROPANZANO R, 2011. How and why terrorism corrupts the consistency principle of organizational justice. Journal of Organizational Behavior, 32: 984-1007.

[146] TEMPLER D I, 1970. The construction and validation of a death anxiety scale. The Journal of general psychology, 82: 165-177.

[147] TREMOLIERE B, BONNEFON J-F, 2014. Efficient kill-save ratios ease up the cognitive demands on counterintuitive moral utilitarianism. Personality and Social Psychology Bulletin, 40: 923-930.

[148] TREMOLIERE B, DE NEYS W, BONNEFON J-F, 2012. Mortality salience and morality: Thinking about death makes people less utilitarian. Cognition, 124: 379-384.

[149] VAIL K E, JUHL, J, 2015. An appreciative view of the brighter side of terror management processes. The Social Sciences, 4 (4): 1020-1045.

[150] VAN DEN BOS K, MIEDEMA J, 2000. Toward understanding why fairness matters: The influence of mortality salience on reactions to procedural fairness. Journal of Personality and Social Psychology, 79: 355-366.

[151] VAN DEN BOS K, POORTVLIET P M, MAAS M, et al, 2005. An enquiry concerning the principles of cultural norms and values: The impact of uncertainty and mortality salience on reactions to violations and bolstering of cultural worldviews. Journal of Experimental Social Psychology, 41: 91-113.

[152] VEER E, RANK T, 2012. Warning! The following packet contains shocking images: The impact of mortality salience on the effectiveness of graphic cigarette warning labels. Journal of Consumer Behaviour, 11: 225-233.

[153] VESS M, ARNDT J, 2008. The nature of death and the death of nature: The impact of mortality salience on environmental concern. Journal of

Research in Personality, 42: 1376-1380.

[154] WANG C, PAN R, WAN X, et al, 2020. Immediate psychological responses and associated factors during the initial stage of the 2019 coronavirus disease (covid-19) epidemic among the general population in china. International Journal of Environmental Research and Public Health, 17.

[155] WATSON D, CLARK L A, TELLEGEN A, 1988. Development and validation of brief measures of positive and negative affect-the panas scales. Journal of Personality and Social Psychology, 54: 1063-1070.

[156] WILDSCHUT T, SEDIKIDES C, ARNDT J, et al, 2006. Nostalgia: Content, triggers, functions. Journal of Personality and Social Psychology, 91: 975-993.

[157] WILLIAMS E A, PILLAI R, LOWE K B, et al, 2009. Crisis, charisma, values, and voting behavior in the 2004 presidential election. Leadership Quarterly, 20: 70-86.

[158] WILLIAMS T J, SCHIMEL J, HAYES J, et al, 2012. The effects of existential threat on reading comprehension of worldview affirming and disconfirming information. European Journal of Social Psychology, 42: 602-616.

[159] WISMAN A, GOLDENBERG J L, 2005. From the grave to the cradle: Evidence that mortality salience engenders a desire for offspring. Journal of Personality and Social Psychology, 89: 46-61.

[160] WISMAN A, KOOLE S L, 2003. Hiding in the crowd: Can mortality salience promote affiliation with others who oppose one's worldviews? Journal of Personality and Social Psychology, 84: 511-526.

[161] XIAO Q, HE W, ZHU Y, 2017. Re-examining the relationship between mortality salience and prosocial behavior in chinese context. Death Studies, 41 (4): 251-255.

[162] XU H, BRUCKS M. L, GUO L, 2013. Creative consumption after mortality salience: Compared to what, for whom, what tasks? And a time horizon issue. Journal of Research for Consumers, (24): 1.

[163] YAAKOBI E, 2015. Desire to work as a death anxiety buffer mechanism. Experimental Psychology, 62: 110-122.

[164] YAAKOBI E, MIKULINCER M, SHAVER P R, 2014. Parenthood as a terror management mechanism: The moderating role of attachment

orientations. Personality and Social Psychology Bulletin, 40: 762-774.

[165] ZALESKIEWICZ T, GASIOROWSKA A, KESEBIR P, 2013a. Saving can save from death anxiety: Mortality salience and financial decision-making. Public Library of Science, 8.

[166] ZALESKIEWICZ T, GASIOROWSKA A, KESEBIR P, 2015. The scrooge effect revisited: Mortality salience increases the satisfaction derived from prosocial behavior. Journal of Experimental Social Psychology, 59: 67-76.

[167] ZALESKIEWICZ T, GASIOROWSKA A, KESEBIR P, et al, 2013b. Money and the fear of death: The symbolic power of money as an existential anxiety buffer. Journal of Economic Psychology, 36: 55-67.

[168] ZESTCOTT C A, LIFSHIN U, HELM P, et al, 2016. He dies, he scores: Evidence that reminders of death motivate improved performance in basketball. Journal of Sport & Exercise Psychology, 38: 470-480.

第四章 空气污染与消费决策

第一节 空气污染的定义、分类与起因

一、空气污染的定义与测量

(一) 空气污染的定义

空气污染是现代生活中广泛存在的环境问题。14世纪初期，空气污染以煤烟污染的形式第一次出现在社会生活中，但未引起公众的重视。在接下来的大发展时期，率先实现工业化的英国在经济发展过程中大规模使用化石燃料，使空气污染问题愈发严重。工业革命在世界范围内掀起社会生产力发展的新高潮，其带来物质极大繁荣的同时，燃煤蒸汽机在全球范围内的流行加速了污染物质的排放，空气污染问题随之凸显。在之后的社会发展进程中，随着城市人口的不断增长、工业规模的快速扩张、机动车数量的迅猛增长，加之扬尘等不利气象条件的助推，空气污染一跃成为全球主要的环境问题之一。根据世界卫生组织报告（World Health Organization, 2020），全世界超过90%的人口生活在不达标的空气质量中（如图4-1所示）。

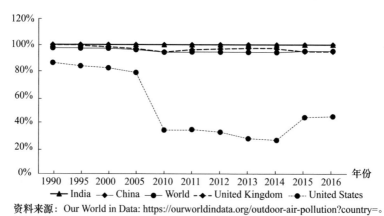

资料来源：Our World in Data: https://ourworldindata.org/outdoor-air-pollution?country=。

图 4-1 全球以及主要国家人口中暴露于空气污染的比例（空气质量未达世界卫生组织标准）

1952年，伦敦烟雾事件让社会公众真正开始关注到空气污染问题。首先，我们需要了解什么是空气污染。大气环境中存在着至少3 000种不同种类的化学物质，通常情况下，它们处于平衡状态，维系着整个生态环境的发展，为自然循环提供稳定的、持续的能量来源。当这种平衡状态被打破时，大气环境则会处于一种危险状态。空气污染存在广义与狭义两种定义（Tiwary，Williams，2018）。广义的空气污染是指"当大气中存在可能对人类与动植物生存、生态环境的福祉产生不利影响的物质时，或特定粒子物质、有机物、金属元素等超过一定比例时"，空气污染问题就此产生。在此定义中，空气污染具备两方面的要义：1) 大气中存在一些动植物呼吸不需要的物质，或者某些自然存在于大气的化学物质浓度过高、超出其原本比例，导致动植物呼吸质量下降；2) 因空气质量下降，生命个体的健康与福祉受到了威胁。

狭义的空气污染则被定义为"因人类活动，大气环境被动地输入了不必要的化学物质，进而对人类健康、生物资源、生态系统造成伤害，形成了对大气环境的结构性损害"。在这一定义中，空气污染的形成强调人类行为，自然产生的空气质量下降并不属于此范畴。例如，火山爆发造成周边大气环境中二氧化硫的迅速增加，二氧化硫在大气中的比例增加，威胁生态环境与动植物健康。在狭义定义下，这种情况不属于空气污染。人类燃烧煤炭取暖后，同样会产生二氧化硫，相反地，此类情形则隶属于空气污染。本书所讨论的空气污染属于广义范围。

（二）空气污染水平的测量

当污染发生后，常见的大气污染物包括二氧化硫、一氧化碳、悬浮颗粒物等，其中悬浮颗粒物是较为重要的污染物质。关于污染水平评估，专业设备通过不同物质的物理信号来测量大气中特定物质的含量，并以空气污染指数（Air Quality Index，AQI）进行评价：当AQI数值高于150时，人们将普遍产生不适感。同时，个体也将通过视觉与嗅觉等感官形成直观判断。空气质量指数分级如表4-1所示。

表4-1 空气质量指数分级

空气质量指数	指数级别	指数类别与颜色	对健康的影响
0～50	一级	优　　　绿色	空气质量令人满意
51～100	二级	良　　　黄色	空气质量可接受，某些污染物对极少数人群有较弱影响
101～150	三级	轻度污染　橙色	易感人群症状有轻度加剧，健康人群出现刺激症状
151～200	四级	中度污染　红色	可能对健康人群心脏、呼吸系统健康有影响
201～300	五级	重度污染　紫色	健康人群普遍出现症状，心脏病和肺病患者症状加剧
>300	六级	严重污染　褐红色	健康人群运动耐受力降低，有明显强烈症状

资料来源：HJ 633—2012《中华人民共和国国家环境保护标准》。

在研究中，为了体现个体对空气污染水平的感知，学者们主要利用了三种方式。首先，通过特定的条目测量空气污染程度。例如，State California Department of Public Health（1956）将感知空气污染分为社会与心理两个维度，以人们感受到的污染对健康与日常生活的影响程度以及人们对污染的意识程度来体现空气污染问题的严重性高低；或是依据人们对气味、污垢、天气状况、汽车尾气的烦躁程度计算得出空气质量的正负。其次，研究者通过操纵方式实现被试的空气污染感知。例如Lu等学者（2018）在实验中让被试者一组拍摄于空气污染（相比于洁净）天气的图片，并要求被试想象自身处在图片所示的场景中；还可以请被试用尽量详细的文字描述自己在空气污染（相比于洁净）天气时的生活状态，继而完成后续任务。最后，采用真实的空气污染数据，建立其空气污染与其他变量之间的联系。

20世纪70年代，学者们开始大规模调查社会公众对空气污染的反应，调查结果显示空气污染对每个人的影响程度是不同的。面对相近的空气污染，因所处的社会环境和地理因素的差异，每个人感知到的污染水平存在差异，换言之，空气污染的实际水平与个体感知到的污染水平之间有一定的差别。例如，高社会经济地位的个体对空气质量的关注度越低；个体对居住地态度以及个体在多大程度上意识到污染危及健康的影响，当个体对居住地满意度较低时，其感知到的空气污染越严重。

二、空气污染的主要类型

在统计中，大气污染物主要包含悬浮颗粒物（根据颗粒物的不同直径，包含PM 2.5与PM 10）、二氧化硫、一氧化碳、二氧化氮、臭氧上述此种，依据成分比例超标的物质，每种污染物均可以形成相对应的空气污染类型。例如，光化学反应会导致臭氧污染。

基于发生的场景，空气污染可被分为室内污染（Indoor Pollution；Household Air Pollution）和室外污染（Outdoor Pollution；Ambient Air Pollution）或称大气污染。室内污染一般发生在教室、办公室等房间内；室外污染即通常意义上的大气污染。

学者Lee与Chang研究发现，因室内空间限制，加之人们在室内活动的时间更长，室内空气的污染实际情况远比大气污染更为严重。但是，相较于大气污染，人们能采取适当措施快速提升室内空气质量，如改善通风条件、使用空气净化器等。但大气污染涉及面广、影响范围大，需要动用更多力量才能改善，从而学者们更普遍地关注大气污染问题。

三、空气污染的成因分析

依据前文对空气污染的广义定义,造成空气质量下降的途径一般分为自然(Biogenic;Natural)与人为(Anthropogenic;Human-made)两类。

(一)自然形成

自然途经主要包括火山爆发、沙尘暴与森林火灾。例如美国,特别是加利福尼亚地区,大气中35%的黑炭(典型的PM 2.5气溶胶物质)来源于频发的森林火灾,加剧了空气污染程度。自然因素诱发的空气污染占比相对小,但它们能产生更广泛、更长远的影响。2019年,澳大利亚发生的大规模森林火灾产生了的大量浓烟进入大气循环过程,打破原有的稳定系统,深刻地影响着全球的大气环境,加剧全球气候变化;当这些有害污染物沉降至海洋并进入海洋循环后,海洋环境也将受到破坏与威胁。

(二)人为途径

人为途经是指人类过度的经济改造与消费行为,主要包括燃烧化石燃料、煤炭开采、城市交通等,这些活动会打破空气中天然成分的平衡,破坏人类生存环境,危害农作物生长。例如,重工业较发达的地区初期普遍存在污染严重的问题,煤炭燃烧、有色金属冶炼、钢铁冶炼时产生了大量诸如一氧化碳、二氧化硫等大量污染物,加之重工业地区的"热岛效应",较难产生有效的通风条件驱散聚集的污染物。此背景下产生的空气污染具有明显的空间效应,它往往出现于城市聚集区或是高人口密度区域,且城市化和工业化水平的提高都将在一定程度上强化污染。当区域内某城市出现空气质量问题时,其邻近 $600\sim800\ km^2$ 内的城市将受到波及,空气质量指数提高0.45%(Liu et al.,2017)。2020年初,新冠肺炎疫情流行后,一些学者(Almond,Du,Zhang,2020)通过对新冠肺炎疫情发生前后的空气质量进行探讨发现,因隔离等防疫措施,人类经济活动大幅度减少,我国空气质量产生了一定程度的提升。这也间接证明了人类在经济活动中的运输活动、煤炭燃烧等对空气污染的增进作用。同时,学者Zhang等人(2019)在研究中发现不同区域、不同收入水平群体造成的空气污染程度是不同的。从整体来看,农村地区因燃烧秸秆与固体燃料等活动产生的污染物质是大于城市居民的;在城市居民内部,收入水平越高,该群体引致的空气污染程度越高;在样本范围内,最高收入组与最低收入组成员因人均消费不同引起的污染差异高达2.3倍。

依据污染原的排布位置和规模大小,人为造成的空气污染将呈现不同的形状。

当一地区内存在燃煤发电站、炼油厂、钢铁厂等大量排放污染物质的工厂时,以这些企业为圆心,会在该企业周围形成发散型的污染形状。如果区域内的大气污染物质由许多分散的排放源造成,而单一污染原的排放量又无法造成明显的污染现象时,比较典型的像畜牧、住宅,其特征为"聚是一团火,散是满天星",它们造成的空气污染也将呈现聚集性分布。另外,若区域内有高速公路或铁路,那么污染物也将沿着公路呈现线状分布。

在实践中,形成空气污染的原因更为复杂,人为途径和自然的大气过程相互作用从而产生了各地区严重的大气污染现象。

第二节 空气污染内隐性影响

生活在被污染的空气中会有一种非常不适的感觉。作为生物有机体,人将产生各种反应,这种反应通常是负面的且渗透在个体的各个方面,潜移默化地改变个体的生命指征,主要包含生理反应、心理状态和认知能力三个方面。

一、生理反应

(一)罹患各类疾病

空气污染会给人体生理系统和健康状态带来致命性后果,增加个体罹患各类疾病的风险,对流行病传播和公共健康有着不可忽视的消极影响。空气中的有害物质直接增加个体感染呼吸道疾病的概率。长期发展,呼吸道问题将严重化为肺部疾病和心脑血管疾病。因此,空气污染将缩短个人寿命,并直接导致死亡率的增加:空气中悬浮颗粒物浓度每增加 100 μ/m^3 加以足够长的暴露时间,人们平均预期寿命将缩短约 3 年(Chen, Ebenstein, Greenstone, Li, 2013),25%的老年人可能受到波及(Deryugina, Heutel, Miller, Molitor, Reif, 2019)。除此之外,许多研究也证实了空气污染与肥胖问题的正向联系,这一影响甚至可以追溯到个体婴儿时期。假使婴儿出生后第一年生活在空气污染地区,在后续发展中,其体重会比生活在空气质量较优区域的同年人的体重平均高出 1 kg,并且从体重趋势来看,其体重增长速度也会更快。

(二)空气污染损伤的传递性

此外,空气污染对生理系统的损害存在一定传递性,即污染物造成的生理损害将通过特定渠道传递到子代群体。例如，孕妇长时间暴露于空气污染中，大气中的污染物会通过血管传递到子宫，胎儿的健康发育将无法得到有效保证（Robinson et al.，2018）。更严重地，因空气污染产生的呼吸道、心血管问题具有排他性。学者 Hussey 等人（2017）在药性分析中发现，污染物中的某些特定成分改变了细菌形成的化学性质，现有药物将无法起到有效治疗呼吸道疾病，加大了疾病治疗难度。

二、心理状态

（一）负面情绪滋生

空气污染直接引发个体负面的心理反应，诱发各种复杂的消极情绪，使人承受更大的精神压力，并表现出更强烈的心理波动。身处被污染的空气中，人们更容易出现情绪低落的情况（Zeidner，Shechter，1988），并伴随有焦虑（Lundberg，1996）、愤怒（Rotko et al.，2002）等。相较于生活在空气污染程度较低地区的居民，生活在空气污染程度较高区域的个体将自我报告更高水平的心理痛苦。同时，空气污染还会改变个体的唤起水平，使个体变得更容易疲惫，在完成各项任务时，没有足够精力投入其中。当空气中细小颗粒物质量增加时，人们遭受心理痛苦与精神压力的风险也愈高，这一比例可达 17%（Sass et al.，2017）。值得注意的是，这种心理压力并非一瞬即逝或是表面的，一项对美国 70 000 多名女性的研究发现，当接触污染物质的平均时间达到一定程度后，女性罹患抑郁症的概率将显著提升；若平均暴露时间达 1 月余，这一数值为 12%。这种联结尽管具体的生物学机制尚未明朗，但已被多次证实的确存在，对于不同身体素质、经济水平、职业情况的人均不同程度得成立。一种可能的生物解释机制是，空气污染导致外部自然环境光线减少并变暗，生命体内的松果体无法获得充足光照而变得活跃，进而抑制了甲状腺素与肾上腺素等激素的产生，这些激素的减少使得个体在情绪上变得低落与萎靡。

（二）幸福感降低

空气污染对心理的消极影响还体现在它对个体的幸福感知和生活满意度的威胁。Zheng 等人（2019）通过将 2.1 亿条带有地理位置标记的新浪微博信息与该地每日空气质量指数的配对，结果发现，当空气污染指数较高时，个体在社交媒体上自我报告的幸福感明显较低，并且这种趋势在休闲时间段（例如周末、假期）会更为显著。

此外，这种负面情绪与低幸福感带来个体行为的转变，例如导致不诚信行为、不道德行为及犯罪行为的产生（赵玉杰，高扬，周欣悦，2020）。Lu 等人（2018）在一项研究中让实验参与者分别想象其在空气质量较差与空气质量较好时会度过怎样的一天,以日记形式把它们描述出来或观看一系列拍摄于空气污染天气的城市街景图,并继续完成一项诚信任务,结果表明,空气污染组的参与者表现出更大程度的不诚信比例。因此,空气污染带来的负面情绪将引发不道德行为乃至犯罪行为的产生,特别是攻击行为,减少了人们实施社会支持行为的倾向,激发较强的利己主义(何贵兵,杨鑫蔚,蒋多,2017)。

三、认知能力

空气污染还将带来更深层次的机能影响:认知能力实质性的退化。Oskamp(2000)在研究中发现,置身于被污染的空气中,个体的记忆能力和解决问题的能力将下降,人们无法正常地集中注意力。进一步发现,当充分暴露在空气污染环境中达到一定时间,实验体(成年老鼠)的海马细胞因子出现了功能紊乱的情况,这揭示了空气污染对空间学习能力和记忆力造成损害的原因。

空气污染造成的认知能力损伤是潜移默化的(如图4-2所示)。根据一项发布在Lancet的研究,对于居住在车流密集的主要交通干道附近(相比于远离交通主干道)的个体而言,较高的二氧化碳和细颗粒物质的暴露程度增加了他们罹患老年痴呆症的概率(Chen et al.,2013)。该研究也进一步支持了空气污染物能经过血液传导进入大脑导致各种神经问题的结论。同样地,Zhang等人(2018)针对中国25 000名全年龄段居民开展了数学和语言测试,空气污染对个体认知能力的负面影响随年龄加重,并演化为痴呆症与阿尔兹海默症。换言之,空气污染在生理年轻的大脑里种下了痴呆症的隐患。

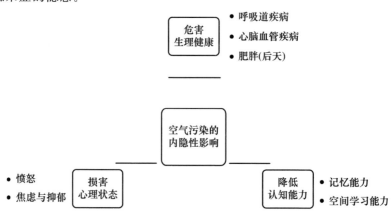

图4-2 空气污染的内隐性影响

第三节 应对空气污染的逃跑型策略

Cannon（1927）指出，面对外界带来的危险，个体会被触发战斗或逃跑反应（Fight-or-flight Responses）来形成防御机制来应对威胁、保持安全。基于进化心理学，战斗或逃跑反应给予了个体快速应对危险的方式。具体地，战斗反应是指个体积极进攻、迎战威胁，尽最大可能来消除外界对自身造成的威胁，是一种更倾向主动抗击的策略；相反地，逃跑反应则是一种偏向消极规避的策略，个体以逃避方式远离危险源，防止自身暴露在危险因素之下。同样地，为了调节空气污染的威胁性，即生理、心理与认知方面的伤痛，个体将呈现出战斗或逃跑两种不同的反应策略。探讨个体对空气污染的反应时，现有文献更多关注逃跑策略而较少探讨更为积极的战斗策略；接下来，本节将首先讨论逃跑反应的表现。

一、投资决策

空气污染与经济生活息息相关，影响着市场各主体的经济选择与决策。现有研究结论普遍认同空气污染将引起股票市场波动和收益率下降，即在空气质量较差的情况下，市场整体呈现出低收益率、高波动率的特征（Levy，Yagil，2011）；反之，空气质量较优时，股票市场则有更佳的表现。这一趋势在不同国家的股票市场均得到了验证。

其中，受影响最大的是每日交易结算的股票市场，且市场参与方处理空气污染的逃避性行为在不同角色上表现不同。

（一）投资者

对投资者而言，为实现资金利益最优化，他们通常须要从多种途径接收并处理多样的复杂的交易信息，进而评估某投资组合的优劣。然而，在空气质量较差的状况下，基于受损的认知能力，投资者无法充分有效地处理庞大的信息，投资表现由此降低，并呈现出处置效应的特点；换言之，投资者将出售高盈利可能性的股票却持有高亏损概率的股票，且更偏好关注度较高的股票（Huang，Xu，Yu，2020），这种是一种极为不理性的投资行为。空气质量指数每上升100单位，在每40天的投资周期内，投资者所做交易行为的收益率将明显下降0.84%（Huang et al.，2020）；零散参与者的投资活动在空气污染时会变得更为克制。

（二）券商分析师

研究发现，券商分析师以实地考察的方式，通过与企业管理人员面对面的交流、近距离观察企业经营情况来提高自身预测的准确性；如果在实地考察阶段发生空气质量不加的情况，券商分析师的情绪将受到负面冲击、变得消极，进而对被考察对象可能的盈利预测变得悲观，随着空气污染等级每上升一个等级，这种预测的盈利降幅可达7.9%。这意味着空气污染导致了这些专业分析的行为偏差（Dong et al.，2018），更为重要地，这种行为偏差直接来源于空气污染而非接受考察企业的管理人员。

二、组织行为

在社会生活中，个体扮演着不同的角色，他们在组织中是员工或是管理者，其行为受到空气污染的深刻影响。在组织行为方面，排除个体差异，一个较为直接的关联为当空气污染问题发生时，因避免呼入污染物质的动机，员工缺勤与工作时间减少的可能性增加。

空气污染对员工的负面冲击不止于体力劳动或重复性工作，即便是从事高水平行业、训练有素的员工也无法避免。Archsmith等人（2018）研究了职业棒球裁判在不同空气质量条件下的决策水平，结果表明空气污染显著增加了这群裁判误判的可能性，做出误判的概率随着污染水平提高将显著地增加11.5%。当员工试图压制空气污染带来的抑郁情绪与心理高压时，适得其反，这种压制尝试反而消耗了个体自我控制的能力和意志力，减少了员工在组织内的公民行为（Fehr et al.，2015），如主动帮其他员工完成工作任务、延长工作时间以达成紧迫的工作目标等。

故此，在组织中，空气质量不佳降低了个体作为员工的组织表现，也降低了企业员工的生产效率。这种影响并非简单地与缺勤率或工作时间减少相关（Zivin，Neidell，2012），根本问题在于认知能力受损、注意力不集中。所以，长远来看，空气污染冲击着整个市场的劳动力供给，威胁着人力资本的健康。当空气污染程度提高，区域内的劳动力流动率将明显下降，该区域被劳动力选择的概率也相对低。

为了厘清空气污染对个体组织行为的冲击，学者们尝试分离不同大气污染物的影响，但尚未得出统一结论，一氧化碳、二氧化硫、臭氧、悬浮颗粒物等成分在不同情况下均有可能一定程度上引致负面冲击。

三、消费行为

（一）旅游地评价

现有文献普遍认同空气污染问题将重创当地旅游产业。因欣赏景观、领略风土人情,旅游业对环境有较高的要求。一方面,当旅游景点出现空气污染现象时,消费者会直接取消出游计划,转而选择拥有蓝天的景点以获得良好的旅游体验。另一方面,空气污染容易与负面形象的事物联系在一起,例如肮脏、低社会经济地位,所以当存在空气污染问题时,人们对旅游目的地的评价也随之降低。想象一下,一个景点即便拥有众多名胜古迹,但却长年存在较为严重的空气污染问题,那么在查阅景点相关资料时,消费者很有可能先入为主地对该旅游景点产生负面印象。进一步延伸,这一结论亦具有普适性,Fang 等学者(2019)的研究发现,在空气污染天气下,用户会给产品更低的评分与更短的反馈,不愿意详细地描述使用产品的体验。故而,宏观层面上,空气污染是旅游行业的梦魇:空气污染使旅游行业面临投资减少、旅游资源紧俏、政府重视度不足等挑战,重创当地旅游业,促使旅游需求外流,成为旅游景点发展的绊脚石(Sajjad et al.,2014),这将不利于本土文化的正向输出。

(二)服务互动

对于旅游者与旅游服务提供者之间的互动而言,Zhang 等学者(2020)的研究表明,空气污染对旅游业的冲击仍归咎于情绪:当在空气污染较严重的地区旅行时,污染使旅客产生悲观情绪,进而负向的影响旅客对旅游地以及当地服务提供者的评价且持有怀疑态度。一旦旅游服务提供者尝试使消费者意识到空气污染对自身的影响时,这种怀疑效应可有效消除。图 4-3 总结了以逃跑反应为表现的具体行为。

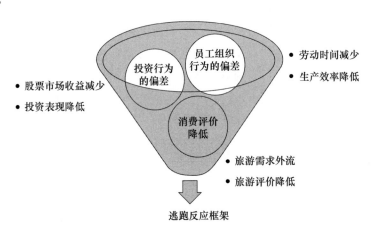

图 4-3 以逃跑反应应对空气污染

第四节　应对空气污染的战斗型策略

一、逃跑型策略的危害

从生理学角度看,以消极避退为核心思想的逃跑反应将损害生物有机体的细胞防御系统并加速了个体衰老速度。个体在每个决策中做出的判断经过累加,最终形成群体决策,产生宏观层面上的结果。空气污染对社会群众的健康有着不可磨灭的影响,这种长时间、潜在性的健康损害形成国家须承担的经济疾病负担和相应医疗费用。更具体地,在相对理想的国民经济体系下,空气污染使得居民增加了在各种急性和慢性疾病上的医疗支出,而减少了劳动收入,消费水平下降;在投入和需求共同减少的推进下,最终体现出国民经济产出0.3‰的下降。以北京地区为例,空气污染使得北京地区约额外增加了44.2亿元的健康费用,导致了社会福利近5.10%的损失以及地区生产总值2.46%的减少。空气污染冲击着整个市场的劳动力供给,威胁着人力资本的健康。这种冲击可能短期内可能无法显现,但中长期内会非常显著。同样地,空气质量不佳对劳动力市场的影响基于空气污染损害个体健康而发生,当健康无法得到保证时,人力资本无法积极地参与劳动力市场,人力市场由此受到冲击。当空气污染程度提高,整个区域内的劳动力供给时间和流动率将明显下降,且一国社会经济发展水平越高,劳动力市场受到的冲击越大。

故此,基于个体福利与社会发展,面对空气污染,个体应该采取更为积极正向的策略进行应对,即在不同行为领域利用战斗反应。然而,根据现有文献,投资决策和组织行为这两个领域大都集中讨论人们实施的"逃跑"的即时回应,关于战斗反应的文献十分有限。例如,当战斗反应发生时,空气污染对投资活动的抑制效应存在被削弱的可能性。零散参与者们会更多地购买那些承担社会责任、为保护环境贡献力量的上市企业的股票;对于投资者,他们也更看好抗雾霾体裁的股票,对此有更高涨的交易热情,投资者会尽量远离空气污染严重地区的证券交易所开展交易以实现经济利益最大化。为消解空气污染问题,各国采取措施来缓解其对社会经济各方面的影响。这种政策尽管会存在一定宏观经济成本,但研究表明,它产生的收益将覆盖所付出的成果;且当许多国家共同为改善空气质量而努力时,共同效益将更为显著(参与者个体所获收益将因自身发展水平而有差异)。

二、战斗型策略在消费者领域的应用

消费行为领域则产生了一些与战斗反应相关的研究成果。作为消费者,个体会以直接或间接的方式缓解空气污染引致的负面冲击:直接方式表现为空气污染增强了个体的自我保护行为、绿色消费意识;间接方式则指个体以特定的消费行为与产品选择来应对空气污染。

(一) 直接方式

首先,面对空气污染时,消费者一个比较直接的战斗反应是利用外部设备以有效削弱污染物质对自身的影响。消费者会明显增加在保护类产品上的支出:当感知到室外空气质量不佳时,在户外活动期间,人们会佩戴口罩等防护设备以免呼入污染物质(Ma, Zhang, 2014);在日常生活用品上,生活在空气质量较差区域(如秦岭淮河以北的城市)的消费者愿意为空气净化器付出更高的价格(Ito, Zhang, 2020)。阿里健康数据研究中心于2015年发布了一项关于北京雾霾消费的报告,当空气质量红色预警发布后,口罩销售量迅速增长,日均销售量是日常销量的9.3倍;其间,当空气质量好转后,口罩销量的增幅仍存在,消费者出于一种心理暗示或预防性保护目的来购买口罩。同时,产品数据显示,空气净化器、血压也呈现突然增长的销售量。

此外,在空气污染带来的潜在威胁下,消费者也将预先为自己未来生活做准备。例如,在公众决策中,若政府制定的环境保护政策须向社会征费时,公众愿意为获得长期优质的空气而支付费用。同时,人们表现出更为强烈的购买健康相关类保险的倾向;如果消费者正处于购置保险的冷静期或犹豫期,整体的拒绝率会下降而申请率将上升(Tom et al., 2018)。在进行收益决策时,人们也会更加规避风险以及各种可能存在的模糊性(Chew et al., 2019),表现出更强的储蓄倾向。

其次,空气质量优劣直观体现了社会对环境保护的投入,空气质量较差表明环境保护尚未落实到位。例如,近几年,随着绿色发展理念的深入人心,国家在各方面加快产业转型,落实各项积极治理措施,提高生态环境质量,各省市从实处践行建设美丽中国的追求,助力绿色新兴产业,在各方努力之下,全国范围内重度或严重污染天次在数值上有了明显的下降,2018—2019年,大气污染物的平均浓度下降了9%。人们将基于保护环境来进行后续的消费选择,即空气污染增强了人们的绿色消费意识,这也是自我保护倾向进一步增强的表现,具体有两种表现形式:消费者自身在日常生活中践行环境保护策略和期望其他社会成员遵守绿色消费意识。例如，LI等学者（2017）针对国内机动车市场的研究发现，空气污染会减少人们对低燃油效率的机动车的消费，对此类环境不友好产品的偏好降低，他们会更多购买那些承担了社会责任的企业所生产的产品。展开商业活动时，企业在战略中融入可持续发展的思想，也更重视企业行为对自然环境的影响，减少生产、销售过程中对环境的污染。

（二）间接方式

空气污染对特定消费行为的影响通常是基于负面情绪而引发的。因此，当以间接方式来应对空气污染带来的威胁时，消费者更多地关注如何缓解负面情绪，改变自身心理上的消极状态，重新回到相对平和的心理。

空气质量不佳时，人们会更多对购物与娱乐网站进行搜索以缓解内心的负面情绪（张泽林 等，2018）。Allen等学者（2019）在动物实验中的结果表明，暴露在不达标的空气质量下，实验鼠偏好即刻获得蔗糖，而不愿意等待以获得数量更多的食物。这意味着空气污染对成瘾性行为等行为具有更深远的影响。

第五节　空气污染的新兴研究点

我国在经济建设中一直强调可持续发展战略的突出作用，人与自然和谐共生在建设美丽中国过程中扮演着重要角色。在社会主义现代化国家新征程即将开启之际，在建设美丽中国的过程中，"空气常新"是未来美好生活中的一大愿景。在绿色发展理念的引导与多区域多污染物治理的协同下，我国的空气质量情况很大程度上得到了改善，全国范围内重污染天次的数值明显降低。但改善生态环境、消除空气污染是一项长期任务，任重而道远，全国仍有53.4%的城市面临着空气质量超标的问题。因此，空气污染是社会生活中不可回避的问题。

已有研究中通常将空气污染视为众多天气要素中的附属（高维和，张婕琼，2020），相较于温度（炎热对比寒冷）、湿度（是否降雨）、气压（是否阳光）等要素，空气污染尚未得到充分的关注，其中仍有众多值得深入探讨的方面。本节将对空气污染未来可能的研究方向进行讨论。现有的关于空气污染及其影响的分析如图4-4所示。

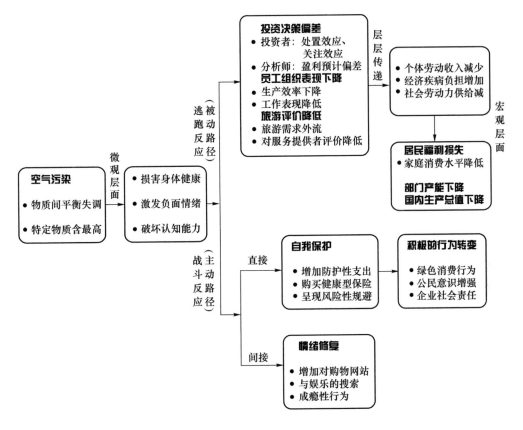

图 4-4 空气污染影响分析

一、强化空气污染对消费行为影响的探索

关于空气污染对个体/群体行为表征的影响，经济学和组织行为领域已从不同视角进行了深刻的研究探讨，即作为投资者、分析师、企业员工时，个体表现出的行为特征。这些学科的研究结论是相对宏观的，利用庞大的样本量来检验空气污染的影响，而忽略了个体的差异，即人们对空气质量的认识是有着一定差异的。更重要的是，每个人的共同的社会角色"消费者"被极大忽略了。在社会中，个体在不同群体中其所扮演的角色可能存在很大的差异；相反，作为消费者时，个体是共通的。同时，消费行为是复杂的，作为消费者，人们在不同消费场景中可以是受众、购买者，或是体验者、传播者。此外，消费是国家经济发展的重要引擎，是拉动经济增长的重要动力。然而，在消费心理领域，对空气污染的研究十分有限，尚缺少关于空气污染如何影响消费者产品选择和决策偏好的研究。

故此，消费者行为领域关于空气污染仍留有许多值得探索的问题。消费者在空气污染天气会产生怎样的消费心理；在技术支持下，企业如何依据不同的空气质量水平实现产品的动态管理；当进行跨国销售活动时，面对各个国家不同的空气质量状况，跨国企业应该如何应对，以更快地适应当地市场。同时，探索空气污染的消费效应时，因其针对个体展开而非大规模的平均化的群体效应，研究能进一步探索：1）个体之间的差异，如不同社会经济地位的个体、对居住地满意度不同的个体，这些因素是否将影响空气污染消费效应的程度；2）对单一个体生活史系统的考察，如从高空气污染地区迁移到低空气污染地区时，消费者的心态会发生怎样的转变。此外，消费者行为领域的研究还可以提供丰富多样的操控范式，有助于还原空气污染的影响。研究者可进一步地利用多样的技术设备（如 VR 与 AR）更真实地模拟空气污染的场景。对上述问题的探讨不仅能扩展和丰富空气污染在营销领域内的研究，还能够助力企业营销实践活动，指导企业在不同条件下进行有差异的营销活动。另外，也助力消除空气污染冲击下各种社会问题与公共卫生宣传。

二、尝试探索空气污染的正面影响

基于现有文献，人们在面对空气污染时大多呈现出消极的态度，即便仅接触到空气污染的相关信息而尚未暴露在其中，也有可能增加人们实施被动的"逃跑"行为的概率。所以，大量研究讨论了空气污染的负面影响：生理健康受损、情绪状态异常、认知能力下降导致个体在投资、组织和消费行为上的偏差，层层累积后，最终形成对国民经济体系的冲击。尽管以往文献中将空气污染对个体行为的作用分为直接影响（如减少户外活动时间、迁移居住地）与溢出影响（如旷课、犯罪、攻击行为）两类（陈俊芳 等，2020），但此分类涵盖的更多仍是消极的逃避式的处理策略，以及个体如何在外力措施的助推下改变行为。从社会效益角度看，无论短期还是长期，这些行为结果均将损害个人利益，乃至国民经济体系上的损失。所以，人们面临的一个困境是如何迎战空气污染问题：个体能否以更为积极主动的方式进行应对，缓解宏观经济受到的冲击。

在空气污染频发的情况下，引导社会各层面积极应对、做出正面的行为反馈至为关键。首先，应帮助个体形成对空气污染的正确认识，消除刻板印象。许多文献证明空气污染产生的负面冲击大多基于健康损害和消极心理。但负面情绪在多大程度上真正因空气质量差而产生，这值得考量。即个体已形成空气污染与消极情绪之间的判断，或将自身原本存在的健康问题或精神紧张归咎于空气质量问题，而否认自身的负面状态。从中分离出空气污染的实际影响，将极大地缓解空气污染带来的冲击。

其次，在空气污染问题产生后，应适当利用促进积极结果。事物均有两面性，空气污染是否能产生正面的积极的行为与反馈，这值得在未来的研究中进行深入讨论。例如，空气污染激发个体的公民行为，人们愿意为改善空气质量做出力所能及的贡献。这说明，面对空气污染的威胁，人们存在积极介入的倾向。那么可以如何利用这一关联来正向促进积极行为的产生？探讨此问题对于解决其他社会问题起到有效的助力。

最后，除了投资决策和组织行为领域之外，在营销领域进行更深入的拓展与延伸，进行跨学科的探讨：是否存在跨渠道的联动，即投资和组织行为限制了个体做出战斗反应的可能性；相反地，消费行为赋予个体更多自主权，如何优化消费选择以战斗姿态面对威胁。

三、增加对偶发性空气污染情境影响的讨论

当前对空气污染的测量可分为空气质量实际水平与感知的空气污染水平两种。首先，通过特定的条目测量并形成某一指标。例如，*State California Department of Public Health* 将感知空气污染分为社会与心理两个维度，以人们感受到的污染对健康与日常生活的影响程度以及人们对污染的意识程度来体现空气污染问题的严重性高低；此外，依据个体对气味、污垢、天气状况、汽车尾气的烦躁程度计算得出空气质量的正负（Bullinger，1989）。其次，心理学领域内的一些学者通过操纵方式实现被试的空气污染感知。Lu 等学者（2018）在实验中，让被试看一组拍摄于空气质量差（相比于空气质量优）天气的图片，或请参与者查看不同空气质量指数数值下的天气预警，或要求被试用尽量详细的文字描述自己在空气污染天气时的生活状态。

操控空气污染感知在某种程度上关注的是更加独立的个体的数据，能最大限度地从复杂背景中剥离出空气污染的真正影响。相反，无论是以问卷条目测量还是真实的空气质量指数，均是大规模的群体数据，衡量的是平均水平的影响，结论中易混合其他因素的影响。

已有研究更多落脚于探究空气污染的影响，即长期生活在低质量空气环境中，

个体和社会将受到怎样的冲击，涉及的时间单位通常是年；即便是一些针对短期效应的研究，它们也是基于月度差异而展开。例如，有害物质使人产生急性症状，随时间发展为慢性疾病；围绕一定投资周期讨论空气污染与股票市场表现、投资决策的关联。因学科特点，病理学、经济学等学科将空气污染视为慢性的应激源，利用观察或测量的方式获取空气污染（感知）水平，这也使它们须要一定的观察期来显现空气污染的影响；在充足的时间跨度内，群体内的每个人都足以潜移默化地受到空气污染的刺激；但较长的时间跨度给予个体以自我机能进行适应的机会，从而长期效应可能"被弱化"。

关于空气污染，一些重工业区域可能长期存在空气质量不佳的情况，与之相对，还有许多偶发性空气污染的情况，即空气污染的存续时间较短（可能仅一天）。尤其是在大气环境治理取得有效进展的背景下，长时间的、持续的空气污染现象发生的频率降低，而偶发性空气污染在日常生活中更为频繁地发生。例如区域内暂时性的大气扩散条件下降，导致空气质量迅速下降，但随着扩散条件的改善，空气污染现象即消除。那么，这种偶发性空气污染将如何影响个体的思维、意识、认知和行为决策呢？在一定程度上因人类过度的经济活动而产生，而每个人均属于人类范畴，那么短期内人们是否会产生一些负面的自我体验（如内疚、羞耻）呢？对此问题的回答能明确空气污染的短期效应，这值得我们进一步的探究。

四、精细化空气污染的研究场景

在众多探讨空气污染问题的研究中，学者们通常将空气质量从气象要素背景中剥离出来，单独考察空气污染对个体在不同领域内的影响。其他气象条件，如大气温度、降水量、云量等，一般被视为控制变量或被严格控制起来。但事实上，空气质量和这些天气状况是共同存在的。

此外，基于事物发展的角度，空气污染现象可大致分为生成、治理和消弭三个阶段。在讨论空气污染现象相关的问题时，学者们关注空气污染对个体和社会的冲击，这属于前期阶段的研究。当意识到空气污染严重扰乱社会秩序时，政府利用各种不同的政策手段以消解污染问题，结合不同国家的经验，学者们比较了不同环境政策的应用效率，如污染排放税、污染物排放额限制、许可证发放之间的差异和优劣。在此背景下，为了选择有效的环境政策，空气污染治理政策实施的成本核算也是研究的一大重点。上述研究则更多属于中期阶段的研究。可见，探讨空气污染消弭阶段的成果尚少。然而，实际情况是：不同国家以及一国内部各地区的空气污染程度均在较为明显的差异，一些国家与地区已然实现产业升级或对空气污染有效的治理，污染问题处于消弭阶段，因而研究这一阶段个体和社会的反应能让我们更深入地理解空气污染问题。

空气质量和其他气象要素（气温、降水和阳光等）共同构成完整的天气状况。这使得空气污染成为一个复杂的问题，讨论其影响时，须同时考虑气象要素。例如同等水平的空气质量，在不同季节、不同的大气温度下，个体感知到的污染水平是否存在差异？天朗气清与乌云密布的情况下发生空气污染问题，后者是否让人们判断空气污染问题更为严重呢？此外，在空气污染治理的后阶段，在空气污染得到控制、空气质量得到改善时，长期生活在空气污染较为严重区域的个体是否将反而因不习得性而出现生理或心理不适的现象？被动接受污染产业进入的区域居民会如何反应？以及对于空气污染实际水平与感知的污染水平，是否在行为表征上有差异呢？关于这些问题的探讨有助于发现更多有价值的结论、形成对空气污染效应更为深刻的理解。

本章参考文献

[1] 赵玉杰，高扬，周欣悦，2020. 天气和空气污染对诚信行为的影响：一项校园丢钱包的现场实验 [J]. 心理学报，52（07）：909-920.

[2] 张泽林，韦斐琼，韩冀东，等，2018. 空气质量对消费者互联网搜索行为的影响 [J]. 管理科学，31（05）：16-29.

[3] 孙伟增，张晓楠，郑思齐，2019. 空气污染与劳动力的空间流动——基于流动人口就业选址行为的研究 [J]. 经济研究，54（11）：102-117.

[4] 何贵兵，杨鑫蔚，蒋多，2017. 环境损益的社会折扣：利他人格的影响 [J]. 心理学报，49（10）：1334-1343.

[5] 高维和，张婕琼，2020. 天气如何影响个体行为和企业活动？——对天气要素影响机制的文献综述 [J]. 经济管理，42（01）：194-208.

[6] 陈俊芳，吴小菊，陶睿，等，2020. 空气污染对个体直接和溢出行为的影响 [J]. 心理科学进展，28（08）：1293-1306.

[7] ALLEN J L, CONRAD K, OBERDOERSTER G, et al, 2013. Developmental exposure to concentrated ambient particles and preference for immediate reward in mice. Environmental Health Perspectives, 121: 32-38.

[8] ARCHSMITH J, HEYES A, SABERIAN S, 2018. Air quality and error quantity: Pollution and performance in a high-skilled, quality-focused occupation. Journal of the Association of Environmental and Resource Economists, 5: 827-863.

[9] BECKEN S, JIN X, ZHANG C, et al, 2017. Urban air pollution in china: Destination image and risk perceptions. Journal of Sustainable Tourism, 25: 130-147.

[10] CANNON W B, 1987. The james-lange theory of emotions-a critical-examination and an alternative theory (reprinted from american-journal of psychology, vol 39, 106-124, 1927). American Journal of Psychology, 100: 567-586.

[11] CHANG T Y, HUANG W, WANG Y, 2018. Something in the air: Pollution and the demand for health insurance. Review of Economic Studies, 85: 1609-1634.

[12] CHANG T Y, ZIVIN J G, GROSS T, et al, 2019. The effect of pollution on worker productivity: Evidence from call center workers in china. American Economic Journal-Applied Economics, 11: 151-172.

[13] CHEN Y, EBENSTEIN A, GREENSTONE M, et al, 2013. Evidence on the impact of sustained exposure to air pollution on life expectancy from china's huai river policy. Proceedings of the National Academy of Sciences of the United States of America, 110: 12936-12941.

[14] DERYUGINA T, HEUTEL G, MILLER N H, et al, 2019. The mortality and medical costs of air pollution: Evidence from changes in wind direction. American Economic Review, 109: 4178-4219.

[15] FANG J, HU L, HOSSIN M A, et al, 2019. Polluted online reviews: The effect of air pollution on reviewer behavior. International Journal of Electronic Commerce, 23: 557-594.

[16] FEHR R, YAM K C, HE W, et al, 2017. Polluted work: A self-control perspective on air pollution appraisals, organizational citizenship, and

counterproductive work behavior. Organizational Behavior and Human Decision Processes, 143: 98-110.

[17] GONG S, LU J G, SCHAUBROECK J M, et al, 2020. Polluted psyche: Is the effect of air pollution on unethical behavior more physiological or psychological? Psychological Science, 31: 1040-1047.

[18] HUANG J, XU N, YU H, 2020. Pollution and performance: Do investors make worse trades on hazy days? Management Science, 66: 4455-4476.

[19] HUSSEY S J K, PURVES J, ALLCOCK N, et al, 2017. Air pollution alters staphylococcus aureus and streptococcus pneumoniae biofilms, antibiotic tolerance and colonisation. Environmental Microbiology, 19: 1868-1880.

[20] ITO K, ZHANG S, 2020. Willingness to pay for clean air: Evidence from air purifier markets in china. Journal of Political Economy, 128: 1627-1672.

[21] JOSE DE ROSA M, VEUTHEY T, FLORMAN J, et al, 2019. The flight response impairs cytoprotective mechanisms by activating the insulin pathway. Nature, 573, 135.

[22] LEE S C, CHANG M, 2000. Indoor and outdoor air quality investigation at schools in hong kong. Chemosphere, 41: 109-113.

[23] LEVY T, YAGIL J, 2011. Air pollution and stock returns in the us. Journal of Economic Psychology, 32: 374-383.

[24] LI J, MOUL C C, ZHANG W, 2017. Hoping grey goes green: Air pollution's impact on consumer automobile choices. Marketing Letters, 28: 267-279.

[25] LIU H, FANG C, ZHANG X, et al, 2017. The effect of natural and anthropogenic factors on haze pollution in chinese cities: A spatial econometrics approach. Journal of Cleaner Production, 165: 323-333.

[26] LU J G, LEE J J, GINO F, et al, 2018. Polluted morality: Air pollution predicts criminal activity and unethical behavior. Psychological Science, 29: 340-355.

[27] LUNDBERG A, 1996. Psychiatric aspects of air pollution. Otolaryngology-Head and Neck Surgery, 114: 227-231.

[28] MARQUES S, LIMA M L, 2011. Living in grey areas: Industrial activity and psychological health. Journal of Environmental Psychology, 31: 314-322.

[29] OSKAMP S, 2000. A sustainable future for humanity? How can psychology help? American Psychologist, 55: 496-508.

[30] ROBINSON O, TAMAYO I, DE CASTRO M, et al, 2018. The urban exposome during pregnancy and its socioeconomic determinants. Environmental Health Perspectives, 126.

[31] ROTKO T, OGLESBY L, KUNZLI N, et al, 2002. Determinants of perceived air pollution annoyance and association between annoyance scores and air pollution (pm2.5, no2) concentrations in the european expolis study. Atmospheric Environment, 36: 4593-4602.

[32] SAJJAD F, NOREEN U, ZAMAN K, 2014. Climate change and air pollution jointly creating nightmare for tourism industry. Environmental Science and Pollution Research, 21: 12403-12418.

[33] SASS V, KRAVITZ-WIRTZ N, KARCESKI S M, et al, 2017. The effects of air pollution on individual psychological distress. Health & Place, 48: 72-79.

[34] TIWARY A, WILLIAMS, I., 2018. Air pollution: Measurement, modelling and mitigation. CRC Press.

[35] WAKEFIELD S E L, ELLIOTT S J, COLE D C, et al, 2001. Environmental risk and (re) action: Air quality, health, and civic involvement in an urban industrial neighbourhood. Health & Place, 7: 163-177.

[36] WANG L, FANG B, LAW R, 2018. Effect of air quality in the place of origin on outbound tourism demand: Disposable income as a moderator. Tourism Management, 68: 152-161.

[37] ZEIDNER M, SHECHTER M, 1988. Psychological responses to air-pollution-some personality and demographic correlates. Journal of Environmental Psychology, 8: 191-208.

[38] ZHANG K, HOU Y, LI G, et al, 2020. Tourists and air pollution: How

and why air pollution magnifies tourists' suspicion of service providers. Journal of Travel Research, 59: 661-673.

[39] ZHANG X, CHEN X, ZHANG X, 2018. The impact of exposure to air pollution on cognitive performance. Proceedings of the National Academy of Sciences of the United States of America, 115: 9193-9197.

[40] ZHAO H, GENG G, ZHANG Q, et al, 2019. Inequality of household consumption and air pollution-related deaths in china. Nature Communications, 10.

[41] ZHENG S, WANG J, SUN C, et al, 2019. Air pollution lowers chinese urbanites' expressed happiness on social media. Nature Human Behaviour, 3: 237-243.

[42] ZIVIN J G, NEIDELL M, 2012. The impact of pollution on worker productivity. American Economic Review, 102: 3652-3673.

第五章 拥挤状态与消费决策

随着全球人口激增和城镇化的不断演进，日常生活中的拥挤现象日益凸显，在营销领域针对拥挤的研究也逐渐增加。基于以往心理学及社会学的研究结果，本章节对拥挤的概念进行了整理及界定，同时系统梳理了拥挤对于消费者生理、心理及行为上的影响，并详细回顾了近年来营销领域对于拥挤的相关研究及重要发现。

第一节 拥挤的概念厘定

20世纪70年代，购物中心和超市涌现，营销从业人员逐渐开始关注拥挤的问题。当时，购物者数量骤增，同时商店里的商品通常摆放无序（Bellenger, Robertson, Greenberg, 1977），这促使着人们探究销售场景下拥挤的概念（Harrell, Hutt, 1976）。在营销领域引入拥挤概念前，环境心理学和社会心理学针对拥挤现象进行了相关论述（Desor, 1972; McClellad, Auslander, 1978; Stokols et al., 1973）。我们从环境心理学和社会心理学对拥挤的研究出发，梳理与拥挤相关的概念，并且对拥挤的概念进行辨析。

一、拥挤定义及相关研究

拥挤问题一直以来都是环境心理学（Environmental Psychology）研究的重要课题。随着城镇化的快速发展，大量的人口涌入城市，拥挤现象相伴而生（Stokols, 1972）。环境心理学中提出的刺激超载理论（The Stimulus Overload Theory）最先提到了拥挤的定义。当时，学者将拥挤定义为超过个人应对能力的环境（Desor, 1972; Milgram, 1970），即当密度水平会干扰个体活动和目标实现时，就是拥挤。Sherrod（1974）则从个体控制感的角度提出拥挤的定义，他认为高密度条件下感知控制的丧失是让个人感到拥挤的前提。这种失控可能是由于过多的、不必要的互动或缺乏行为自由的环境所导致。社会入侵观点认为，侵犯隐私是产生拥挤的原因（Altman，1975），因此，拥挤通常是对同一环境中人数过多的负面评价。Stokols（1972）认为拥挤是包含个人、环境和社会的状况。因此，他倾向于将拥挤定义为个人对空间的"需求"超过可用空间的"供给"，是一种主观的感知环境压力（Stokols，1978）。我们有时会感觉到环境中有很高的密度，但并没有拥挤的感觉（例如我国在国庆阅兵时，人口密度较大，但不会给个体带来拥挤感受）。使用"拥挤"这一术语来指代高密度环境是不合适的（Sundstrom，1975）。因此，Rapoport（1975）提出拥挤是感知密度超过某种期望水平的状态，即当感知密度明显高于正常水平时，人们会认为环境中出现了拥挤。拥挤是密度与社会和个人环境综合而产生的，拥挤环境使个人对空间感到限制。

20世纪70年代的学者们从实证的角度对拥挤现象进行了透彻的分析（Baron et al，1976；Dean et al.，1978；Glassman et al.，1978；Stokols，1972），但对密度与拥挤相关定义的研究中仍旧存在混淆，特别是与人类相关的拥挤研究。从拥挤的定义衍生出感知拥挤与社会拥挤，这二者在定义上也存在混用，因此接下来我们将对密度、感知拥挤、社会拥挤这些概念进行辨析。

二、概念辨析：密度，感知拥挤，社会拥挤

大多数关于营销的拥挤研究混淆了三个重要概念：密度、感知拥挤和社会拥挤。这些术语在实证研究中常常互相代替，但区分这些概念仍旧十分重要。这些概念来源于心理学研究（Rapoport，1975；Stokols，1972）。Stokols（1972）认为，密度是与空间限制相关的客观物理状态，感知拥挤则是个体的主观体验，指个体自我感觉到的空间限制程度，当空间限制超越个人承受范围时，感知拥挤就会出现。McGrew（1970）将密度分为两种：空间性和社会性。社会性密度是指既定空间种的实际人数，空间性密度则指人均空间大小。

在零售环境中，在完全相同的密度情况下，一个人可能会认为十分拥挤，而另一个人则认为刚刚好。感知拥挤可以解释这一现象。Rapoport（1975）使用感知拥挤一词来表示对人口数量、可用空间和空间限制的主观估计。他把感知拥挤称为一定密度水平的主观体验。对于感知拥挤的描述大多都是负面的术语，例如空间约束、行为受限等人，对感知拥挤的研究也主要集中在消极的情感和行为结果上（Bateson，Hui，1992；Eroglu，Harrell，1986；Eroglu，Machleit，Barr，2005），众

多学者认为感知拥挤是个体对环境的消极心理反应（Stokols，1972；Rapoport，1975）。因此，密度是客观的测量，而感知拥挤本质上是主观的、具有个体差异的。

根据社会拥挤的定义，一大群人聚集在一起的时候，个人空间遭到侵犯的可能性显著增加。对于个人空间的研究起源于动物的逃跑起始距离（Flight Initiation Distance，FID），Hediger（1955）发现动物群种也需要社会距离，所有物种都需要一定的逃跑起始距离，低于这个距离的其他物种会被认定是客观威胁。从生物学角度解释，这是所有生物的生存本能，比繁殖和觅食更为本能。这种空间边界的概念后来扩展到人类社会行为和个人空间中。而个人空间被定义为区分自己和他人的保护气泡（Hall，1966）。人体周围会存在这样的保护空间，侵犯他们的空间会有防御性反应（Dosey，Meisels，1969；McDowell，1972），如反社会行为增加，对他人的敌意激增（Griffitt，Veitch，1971）。最近的神经学中的研究表明，当其他人接近个体时，会激活这个人的杏仁核，而杏仁核是参与战斗或逃跑的脑结构（Kennedy et al.，2009）。侵犯个人空间会激活我们的防御系统，可以认为它是为了应对生存的环境威胁而进化而来（Lang et al.，1997）。由于在拥挤的环境中，侵犯个人空间的行为有极大可能发生，因此，社会拥挤必然会有侵犯个人空间所带来的反应。社会拥挤在营销文献中逐渐增加，这个概念包含许多因素，其中有个人因素（Machleit，Eroglu，Mantel，2000）、情境因素（（Eroglu，Machleit，1990；Machleit，Eroglu，Mantel，2000）甚至是文化因素（Pons，Laroche，2007；Pons，Laroche，Mourali，2006）。

上述我们讨论了三个不同的概念：密度是个体数量和可用空间数量的函数。人们可以通过改变保持零售空间不变的实际个体数量来考察人口密度，或者通过改变可使用空间的数量和位置来考察空间密度，这些空间通过保持个体数量不变的物品和商品的摆放来实现。感知拥挤是个体的主观感受，即便是较低的密度，不同的人也可能会感觉到不同程度的拥挤，它是环境与个人心理交互的产物。而社会拥挤则是包含了社会因素、情境因素和个人因素的定义，当人群聚集社会拥挤便产生了，密度、感知拥挤和社会拥挤相关概念内涵如表5-1所示。

表 5-1 拥挤相关概念的内涵

概念	概念内涵	来源
密度	每单位空间内的个体数量	McGrew（1970）
感知拥挤	对人口数量、可用空间和空间限制的主观估计	Rapoport（1975）
社会拥挤	特定地点存在高密度的人群	Maeng，Tanner，Soman（2013）

三、社会拥挤的概念演变

社会拥挤的概念从拥挤的定义拓展而来。早期对拥挤的研究始于 20 世纪六十年代，Hall（1966）定义拥挤为单位面积中具有高密度的物体，无论这些物体是什么，他们可以是物品、人甚至是交通工具。Stokols（1972）进一步解释了拥挤的来源，指出拥挤是由于阻碍而产生，当个体活动受到阻挠时，行为受到干预，从而产生拥挤感。该研究还区分了中性阻碍（Neutral Thwarting），即物理空间引发的拥挤和个人阻碍（Personal Thwarting），即人群密度引发的拥挤。在此基础上，Machleit 等人（1994）提出购物环境中的拥挤可以分为社会拥挤和空间拥挤。随着世界人口的增加，社会拥挤成了普遍现象，在社会中日益凸显，具有更高的理论和实践意义。故此，由人群聚集而引发的拥挤，即社会拥挤更受到关注。Maeng，Tanner 和 Soman（2013）将社会拥挤定义为特定地点存在高密度的人群。由于他人存在会影响到人们的生理、心理和行为（Kennedy et al.，2009）。因此，现存的社会拥挤概念除了对单位空间的人口数量的要求，还要包括人与人之间的交互作用，是社会维度与营销情境的综合。

第二节 拥挤对个体心理及行为的影响

根据联合国数据，全球人口已达 77 亿，人口年均增长率达 1.18%，即全球平均还要增长 9 000 万左右的人口。由于地球空间的有限及人口的增长，全球平均人口密度已达 59.29 人/平方千米，而亚洲的人口形式尤为严峻，例如新加坡的人口密度已达 8 291.91 人/平方千米（联合国，2019）。高密度、难负荷的人口问题直接导致了拥挤这一研究话题在心理学、行为学领域受到广泛关注（Lang，Bradley，2008；Tooby，Cosmides，1990；Evans，Richard，2007）。

针对拥挤的研究是从动物行为研究发展而来，由于人除却动物性外，还具有社会性，因此陆续有研究将拥挤的概念延伸到人类社会行为中，并且扩展了拥挤的定义，强调了对个人空间的侵犯（Hall，1996）。由于与人相关的拥挤情况具有动物性和社会性的双重特点，个体受到拥挤的影响包括动物性的本能反应，例如拥挤感会启动防御系统来应激（Dosey，Meisels，1969），对他人产生敌意、提高生理唤起（Desor，1972；Valins，Baum，1973）；还包括由于众多他人在场的社会性影响，例如产生社交退缩，从而提高对他人负面评价的可能性（Puzakova，Kwak，2017）。我们首先针对拥挤对于个体的生理、心理及行为的影响进行整理，然后通过行为学相关研究探讨拥挤对于消费决策的影响。

一、拥挤对生理的影响

生物学和病理学等自然科学实验室中以动物为研究对象的实验研究属于基础研究，为拥挤问题的研究打下了生物学和病理学基础。研究者通过实验手段对动物社群的密集度进行操控发现高密度的生存环境会打乱动物社群的社会秩序，影响动物的行为（Calhoun，1962）。Calhoun（1962）的鼠群试验中让鼠群在物资充沛的环境中自然繁殖，鼠群规模迅速扩大，而后鼠群开始出现紧张、亢奋、肆意攻击等异常行为，鼠群生长率激增的现象受到遏制。Calhoun 的实验结果表明，当一定空间内鼠群的数量超过了最佳数值，原来鼠群的数量分布均衡被打破。高密集度也会引起动物的其他反常行为如攻击性行为（Dyson，Passmore，1992）、荷尔蒙分泌失调（Chapman et al.，1998）、内分泌失调（Chaouloff，Zamfir，1993）、免疫能力下降（Mathur et al.，1996）以及生育能力降低（Ostfeld，Canham，Pugh，1993）。

从针对鼠群的研究延伸，越来越多的学者开始研究拥挤对于人类的影响。早期对人类的相关研究发现，高密度与各种社会病理指标呈正相关（Chombartde Lauwe，1959；Schmitt，1957）。拥挤对于个体的生理影响主要是由于人类对于环境产生的应激反应。拥挤环境下的社会不确定性和动物本能的警惕性可能是导致应激相关行为和生理反应升高的一个强有力的应激源（Pearson et al.，2015）。拥挤令个体过度兴奋（Evans，1979），从而产生的应激反应包括肾上腺皮质系统活动的显著增加（Christian，1961）、男性睾丸雄激素分泌的减少、女性雌激素含量的增加（Christian，Davis，1964）以及社会适应困难和病态行为的增加（Alexander，Roth，1970；Calhoun，1962）。

拥挤对于生理上的影响衍生出一系列相关疾病领域的研究（Chrousos，Gold，1992）。例如，拥挤会导致雄激素水平下降、神经元细胞死亡、骨密度下降、胃溃疡和认知缺陷（McEwen，2007）。而在拥挤环境中的生理压力会导致糖皮质激素的升高（Axelrod，Reisene，1984），这些应激激素的升高与抑郁症有关（Manji et al.，2001），甚至会损害海马神经（Cameron，Gould，1994）。因此，拥挤作为情境因素能够让个体产生急性或持续的生理应激反应，对应激的致病原因提供了额外的视角（McEwen，2007）。

此外，拥挤导致了个体空间的减少（Regoeczi，2008）。空间的减少则增加了个体之间的互动。人与人之间的相互作用则会产生生理防御机制以应对突然增加的互动（Evans et al.，2000）。Pearson 等人（2015）以狒狒作为研究对象，探究社交增加对于唾液皮质醇水平和焦虑相关行为的发生率的影响。狒狒与人的习性相近，同属灵长类动物，同时狒狒也是群居动物，行为模式与人类相似，因此将狒狒选作研究对象。根据研究，与非拥挤时期相比，拥挤时期的皮质醇明显升高。皮质醇的升高表明，由于空间的减少，在拥挤下维持体内平衡的代谢成本更高。潜在的负面社会互动，以及与社会威胁相关的不确定性，都是导致唾液皮质醇检测产生变化的原因（Pearson et al.，2015）。皮质中的网状结构增加是高唤起水平的表现（Berlyne，1960）。唤起水平常常是解释拥挤对个体行为影响的一种机制。

除了个体在拥挤情况下产生的应激反应外，由于人群的密集，拥挤还会带来环境的变化，最明显的变化是环境温度升高（Ward，1975），环境温度的升高加速了人体的代谢水平，身体温度在拥挤的环境中也会升高（Griffitt，Veitch，1971），也会增加短暂的饥饿感（Hall，1966）。当其他人接近时，会激活个体的杏仁核，而刺激杏仁核会激发情绪反应，如迷惑和恐惧（Kennedy et al.，2009）。

二、拥挤对疾病传播的影响

长期在高密集度的环境中生存，身体应激反应的不断累积会诱发身体疾病，对人的健康造成伤害。McCain，Cox 和 Paulus（1976）通过对监狱里的犯人进行观察研究发现，在高密度监狱里的犯人患高血压的可能性更大，死亡率也相对较高。而由于人体接触增加，拥挤环境比稀疏环境更容易传播疾病（Jones et al.，2008）。约一万年前，随着人类发展进入到农业社会，以农业为基础的社会发展出了更大、更密集的人口，流行病或人群感染出现了激增（Weiss，McMichael，2004）。由于近几十年人类社会发生了巨大变化，疾病传播的可能性随着社会发展而发生了显著的增加。这些变化主要是由于人口规模和密度的增加，以及城市化带来的人口聚集、人口流动性问题（Auvert et al.，2001）。迅速的城市化导致人口集中，人与人之间的接触增多，会助长传染病的传播，如儿童肺炎、痢疾、结核病和登革热等，并可能促进各种新型疾病的传播，例如 2003 年发生的非典型肺炎（Brockmann，2005）。拥挤的房屋、人口会增加药物滥用和性传播传染病的机会（Cohen，2003）。生活在高密度的免疫缺陷人群也可能是微生物的种子床，这些微生物最初不适应人类感染，因为人群聚集演变成可传播的人类病原体（Weiss，McLean，2004）。

除了快速识别原始感染人群和找出有效的治疗方法以外，疾病的控制还需要遏制人口流动，保持易感人群的社会距离（Ferguson et al.，2005）。预防疾病传播的方法从传染源、传播途接和易感人群出发（Weiss，McMichael，2004）。拥挤导致的大规模人员接触是传染病重要的传播途接（Jones et al.，2008），降低拥挤、保持人与人之间的距离是切断人群传播的重要而有效的方法（King et al.，2006）。

三、拥挤对心理的影响

除了对拥挤带来的生理影响，拥挤还会直接引发个体产生心理反应（Burgoon，1978）。基于人的自我保护本能，拥挤带来的心理影响主要是负面影响，例如对他人的敌意增加（Kennedy et al.，2009），自我概念不清晰（Mittal，2015）以及自控能力降低等人（Baumeister，Smart，Boden，1996）。

与未处在拥挤环境中的个体相比，经历拥挤的个体由于与他人距离过近，会产生更加强烈的消极情绪，例如，焦虑、愤怒、不安（Evans，Wener，2007）。学者们对于拥挤带来的负面情绪进行了不同的解释。例如，Axelrod 和 Reisene（1984）认为，拥挤带来的空间压力会导致心理压力，从而令身体激素水平变化，便令个体产生了负面情绪。而 Sommer 和 Becker（1969）则认为，拥挤带来个人空间侵犯令人产生了应激反应，从而产生了负面情绪。根据前人研究，人们自身有着情绪调节机制，能够自动处理和调节消极情绪，拥挤导致的消极情绪能够预测个体的后续行为（Ger，Yenicioglu，2004）。例如，增加物理上的界限能消除由于环境而产生的情绪失调，维持合适的物理边界对个体而言具有保护作用（Belk et al.，2007）。

Stratton 等人（1973）提出个人空间的缺失会导致人们自我概念的不清晰，例如"我无法区分自己和他人的区别"或是"我觉得在这种环境中迷失了自我"，拥挤是导致个人与他人界限模糊的一个决定性因素。拥挤导致的消极状态可能与自我定位密切相关（Hui，Bateson，1991；Pandey，Nagar，1987）。Campbell（1990）将自我概念清晰性定义为个体可以清晰地对自我概念内容进行界定，具有内部一致性与时间稳定性。它关注的是个体体验到的对自我知识的自信程度、一致性与稳定性，即个体对自己了解的清晰程度的差异。自我概念是一种重要的自我认知，在拥挤的环境中，由于与他人界限不分明、距离过近，个体会产生混淆、迷失自我的感觉，对于自我认知的发生变化（Harter，2006）。

此外，拥挤导致的个人控制感缺失与个体行为密切相关（Hui，Bateson 1991；Nagar，Pandey，1987）。Proshansky 等人（1970）提出拥挤是导致个人控制感缺失的一个决定性因素。控制感是一种重要的心理资源，能够为人们进行各种活动提供良好的心理素质，还能帮助抵御不良的外部刺激（Whitson，Galinsky，2008）。Sherrod（1974）他认为拥挤条件下感知控制会丧失，这种失控可能是由于过多的、不必要的互动或缺乏行为自由的环境所导致。前人对于拥挤的一个重要研究方向是拥挤和习得性无助之间的关系（Seligman，1975）。Rodin（1976）研究认为高拥挤和无助感是相关联的。她发现，在控制了社会经济地位后，生活在高拥挤环境中的儿童比生活在低拥挤环境中的儿童更认为环境是不可控的。

当然，并非所有的影响都是负面的。人们感到个人空间缺失时，对于自由的渴求增加，会展现出鲜明的个性（Brehm，1966；Wicklund，1974），可以认为拥挤能够促使个体展示自我、表达观点。在西方文化中，人们往往要拥有独立自我观，力求与众不同（Markus，Kitayama，1991）。这种想要与环境中其他人相区别的心理会导致个体通过行为阐述不同观点，例如他们可能做出多样性选择，即使是以整体效用较低（Ariely，Levav，2000；Ratner，Kahn，2002）。

四、拥挤对行为的影响

拥挤问题的研究也开始进一步深化，开始关注个体层面对人口密集情况的反应和应对行为。人类拥挤问题的研究又从人口普查数据进入到实验室研究。研究者可以通过实验的方法对人类社会中存在的，可能对拥挤感知造成影响的因素进行干扰和控制，来探究人们的拥挤感知和对拥挤感知的应对行为等。

（一）空间拥挤对个体行为的影响

前人研究表明，拥挤感知受到环境因素和个人因素两方面的影响，环境因素根据社会性又分为客观因素和社会因素。Baum 和 Koman（1976）将拥挤产生的原因分为空间缩小和人数增加，根据产生的原因不同，他们将拥挤分为了空间拥挤和社会拥挤。空间拥挤的产生主要来自空间大小、空间布局、环境色彩，个体感受到空间拥挤主要会产生约束的感觉。而社会拥挤是因为个体受到社会刺激而带来的压力，社会环境方面的因素主要有团队影响和社交互动等。研究发现，人们在面对社会拥挤的时候常产生社交退缩行为，而空间拥挤则会更加进取为"争取自我的空间"。Desor（1972）认为，空间布局也会对个体行为产生影响。例如针对餐厅的研究表明，通过使用吸音材料、空间隔分、减少门窗、扩大空间、降低噪音程度等措施可以减少空间中的刺激因素，从而可以降低消费者对空间拥挤的感知（Desor，1972）。此外，空间亮度增加也会导致空间感加强（Baum，Davis，1976）。

在消费场景中，空间拥挤往往依赖于商品数量、商店内的设施数量以及商品摆放方式，这些条件会影响人们空间行为或移动。Kim 等人（2016）以节庆活动为研究对象，分析了空间拥挤对游客满意度的影响。空间拥挤使游客满意度降低，甚至导致攻击行为出现。空间拥挤的潜在影响会使个体失去对环境的控制感（Bell et al.，2009），因为空间拥挤存在过多的环境刺激，会刺激信息加工能力，个体可能由于过度接收信息而失去控制感。个体行为受到来自环境中多种因素的限制或干扰，行为受约束后，个体行为无法按照个人意愿开展，导致控制感的丧失。而控制感丧失会让个人心理上感到压力，会采取反抗行为或心理逆反等方式对环境重获控制。如果在重获控制感的过程中屡次失败，就会导致个人产生习得性无助（Learned Helplessness），觉得个人努力无法改变环境制约，甚至放弃努力。但是，一旦重获环境控制感，个人会更加充满希望，个人会为行为绩效更加努力（Tseng et al.，2009）。人们对于环境的控制包括行为控制，认知控制和决策控制。行为控制是通过行为反应直接改变威胁控制的环境因素；认知控制是指从认知上处理环境中的威胁信息；决策控制是指通过对多种可能性做出选择和判断。

社会拥挤研究主要针对人际互动，而空间拥挤往往是伴随着社会拥挤出现的（Worchel，Teddie，1976）。社会拥挤是他人侵犯个人空间造成的拥挤，并通过实验证明人际距离对消费者的影响比空间拥挤影响更重要。Aiello 等人（1977）认为拥挤环境中的被试者会经历较高的压力，相应的也会产生更多生理上、行为上、主观上的不舒适感。拥挤的环境中，实验中通过皮电反应测量到仅有他人存在的情况下，被试生理上会产生压力，身体上也会承受较高压力。拥挤环境中的被试有较高的导电性，并反映具有不适感，在随后进行的创意任务中业绩水平较低。空间拥挤并不能直接导致各种社会反常现象的出现。事实上，导致社会反常现象出现的直接原因是社会拥挤（Bell et al.，2009）。空间拥挤只是在数字上体现单位面积并不涉及人的因素，而社会拥挤是一个包含了诸如社会阶层、受教育程度、收入水平、种族等多种因素的复杂概念，与社会反常现象的出现相关性更高。因此，我们还需要主要梳理社会拥挤对于个人行为的影响。

（二）社会拥挤对社交行为的影响

社会拥挤的根源是在有限的区域内与他人有过多的身体接触（Stokols，1972）。由于社会拥挤是由人与人之间密切的身体接触造成的，社会拥挤的一个重要后果是增加与他人互动（Maeng，Tanner，Soman，2013；O'Guinn et al.，2015）。社会拥挤引发的物理空间距离拉近会导致人们心理距离的改变。人们在拥挤空间中会通过调节他们的心理距离，以减少不必要的社会交往（Regoeczi，2008）。社会拥挤抑制了个人对环境控制和人际交往的频率（Evans et al.，2000）。

此外，社会拥挤会提高对他人负面评价的可能性（Puzakova，Kwak，2017），这是由于拥挤导致人们渴望与他人保持距离而产生的社交退缩行为。Michon 等人（2005）指出，这种退缩行为也可以通过信息过载理论来解释。在高度拥挤的条件下，消费者接触到过多刺激，但他们没有时间去处理所有的刺激（Harrell et al.，1980），环境中的刺激过多导致认知超载，因此无法处理更多的信息，会希望避免接触更多的人（Desor，1972；Oldham，Fried，1987；Saegert，1978）。

但也有学者表明，社会拥挤令个体的物理距离接近，从而削弱了个人边界，模糊了人与人之间的界限，会让人们产生与他人相似的感觉（IJzerman，Semin，2010）。在这种情况下，由于与他人的交往、互动会基于所处环境（Walton et al.，2012），Griskevicius 等人（2009）提出拥挤情况下人们更加希望展示自我，能够令自我与他人的区别更加清晰。因此，在社会拥挤的情况下，个体会产生自我展示、形象管理的行为。

（三）社会拥挤对个体防御行为的影响

大量的实证研究表明，侵犯个人空间会引发防御性反应（Felipe，Sommer，1966；Goffman，1963；McDowell，1972；Sommer，Becker，1969）。例如，办公室中的工作人员在靠近公共办公地点时会表现出更多的回避行为（Oldham，Fried，1987），火车高峰期间的乘客更有可能经历负面情绪和压力（Evans，Wener，2007）。根据 Maeng，Tanner 和 Soman（2013）的阐述，社会拥挤的环境会导致回避系统的激活，从而导致人们采取预防的心态。这进而导致处在社会拥挤的消费者更有可能选择代表预防的选项，例如购买保险、低风险行为。

根据社会拥挤的定义，一大群人聚集在一起的时候，个人空间遭到侵犯的可能性显著增加。对于个人空间的研究起源于动物的逃跑起始距离（Flight Initiation Distance，FID），Hediger（1955）发现动物群种也需要社会距离，所有物种都需要一定的逃跑起始距离，低于这个距离的其他物种会被认定是客观威胁。从生物学角度解释，这是所有生物的生存本能，比繁殖和觅食更为本能。这种空间边界的概念后来扩展到人类社会行为和个人空间中。而个人空间被定义为区分自己和他人的保护区域（Hall，1966）。人体周围会存在这样的保护空间，侵犯他们的空间会有防御性反应（Dosey，Meisels，1969；McDowell，1972），如反社会行为增加，对他人的敌意激增（Griffitt，Veitch，1971）。最近的神经学中的研究表明，当其他人接近个体时，会激活这个人的杏仁核，而杏仁核是参与战斗或逃跑的脑结构（Kennedy et al., 2009）。侵犯个人空间会激活我们的防御系统，可以认为它是为了应对生存环境的威胁而进化而来的反应（Lang et al., 1997）。由于在拥挤的环境中，侵犯个人空间的行为有极大可能发生，因此社会拥挤会令个体产生防御反应。

第三节 拥挤对消费行为的影响

在零售环境中，它们常常一起产生并相互作用（Chan, 1999; Michon, Chebat, Turley, 2005）。在消费场景中，经营者通常会采取多种策略来管理、引导人群，例如有雇佣人员进行排队，刻意造成拥挤环境来吸引消费者；同时，也有通过分流的方式来疏散人群，让拥挤现状得到缓解。这都意味着经营者一定程度上认为拥挤会改变目标顾客的消费行为。而在行为学领域，拥挤的相关研究也在近几年兴起，学者们从消费者行为视角对社会拥挤的探讨取得了一定成果（Hock, Bagchi, 2018; Huang et al., 2018; Maeng, Tanner, Soman, 2013; O'Guinn, Tanner, Maeng, 2015; Puzakova & Kwak, 2017）。

在市场营销情境下，拥挤情况的出现意味着消费者数量激增，因此拥挤如何影响着消费者的心理感受以及他们的消费行为需要我们关注。例如，经历拥挤情况的消费者会通过特定的消费行为、选择和购买特定的产品或品牌以应对拥挤状态。营销领域对拥挤的研究近年来有不断增加的趋势。消费行为研究主要是针对个体的消费决策研究，因此根据已有的研究成果，拥挤在营销学上的研究主要是分为对社会拥挤的研究和对空间拥挤的研究，而社会拥挤的研究主要分为对满意度的影响、对决策思维的影响、对服务营销的影响及对产品偏好的影响。

一、社会拥挤对满意度及产品评价的影响

社会拥挤会影响消费者的心理和行为反应，针对该问题的研究主要集中在消极后果上。社会拥挤最直接的后果便是导致个人空间缺失，当个体感到私人空间被侵犯时，便会产生避免遭受潜在威胁的动机（Lang, Bradley, 2008）。社会拥挤导致的回避动机会产生许多负面结果（Cain, LeDoux, 2008），例如社会拥挤会减少消费者的控制感（Hui, Bateson, 1991），还会增加自私行为（Griffit, Veitch, 1971）。

而在购物环境中，早期消费者行为中对社会拥挤的研究主要考虑拥挤对消费者

满意度的影响。但大多数的实证研究探究的多是负面反应（Eroglu，Machleit，Barr，2005；Li et al.，2009；Machleit，Eroglu，Mantel，2000），例如社会拥挤会降低消费者的满意度（Eroglu，Machleit，Barr，2005），缩短消费者的购物时间（Hui，Bateson，1991），并使消费者对产品评价产生负面影响（O'Guinn，Tanner，Maeng，2015）等。

Hui 和 Bateson（1991）证明了较大的消费者密度会降低服务体验的愉悦度，促使消费者产生服务回避。同样，在餐厅环境中，拥挤的等人候区会导致顾客对于环境失去控制，感受到个人空间遭到侵犯，从而降低了顾客对于服务的满意度（Hwang et al.，2012）。

除了服务满意度外，社会拥挤对于购物满意度也有负向影响，消费者会产生负面情绪（Machleit，Eroglu，Mantel，2000），对于社会拥挤容忍度较低的人群及时间压力较大的人群影响尤为显著（Eroglu，Machleit，1990）。而由于拥挤的环境让人与人之间的距离过近，消费者的探索性行为会被削弱，因此购物者和销售人员接触倾向降低（Harrell et al.，1980）。

然而，并非所有的影响都是负面的。社会拥挤与购物满意度之间的关系受一些中介变量和调节变量的影响。例如，情绪调节拥挤对购物满意度的影响（Eroglu，Machleit，Barr，2005；Li et al.，2009；Machleit，Eroglu，Mantel，2000）。对拥挤的预期、个人对拥挤的容忍度、商店类型也调节了拥挤和满意度之间的关系（Machleit，Eroglu，Mantel，2000）。顾客满意度在拥挤程度低于或等于拥挤预期时会比较高，在拥挤程度超过预期时会降低。对于人群容忍度高的个体，社会拥挤对购物满意度的影响显著降低。而在折扣店中，社会拥挤与顾客满意度之间的关系不显著。Pons 和 Laroche（2007）证明了文化会调节拥挤和满意度之间的关系。通过对比两个不同国家（加拿大和墨西哥）的消费者对人群拥挤的反应，与加拿大相比，高度拥挤的情况对墨西哥人的负面影响较小。性别不直接影响购物满意度，但拥挤对女性满意度的负面影响比男性更大（Machleit，Eroglu，Mantel，2000）。

社会拥挤对商店态度和评价的影响呈曲线关系。中等人拥挤程度更有利于提高消费者对商店的态度（Pan，Siemens，2011）和对商品评价（Mehta et al.，2012）。商店态度是通过对商店的总体印象来评估的；商品评价是基于对商品质量、款式和是否合适选择。Tse 等人（2002）在餐馆的背景下发现，拥挤的程度与高质量的食物、低价格和餐馆的良好声誉呈正相关。同样，Pan 和 Siemens（2011）发现，在服务环境中，拥挤对商店态度的影响是线性的，但对于时间紧迫的个体，则呈现出倒 U 形趋势。

二、社会拥挤对消费者决策思维的影响

社会拥挤是一个高密度的状态（Stokols，1972），在这样的环境中，人们会产生应激反应（Christian，1961）。在社会拥挤环境中，通常改变消费者的决策思维（Kennedy et al.，2009）。决策思维的改变通常表现为两个方面，即解释水平（Maeng，Tanner，2013）和风险规避（Lee，Aaker，2004）。

根据Maeng和Tanner（2013）研究显示，在社会拥挤的环境中，人们倾向于依赖低解释水平，而在不拥挤环境中，更倾向于具有高解释水平。根据控制理论（Carver，Scheier，1982）和行动确认理论（Vallacher，Wegner，1989）提出的假设，个体使用低解释水平表征是由压力环境导致的。例如，任务难度增加，人们会更加关注细节（Wegner et al.，1984）。而社会拥挤会令消费者认为自己处于一个压力环境中（Stokols，1976），因此在这样的环境中，消费者更加倾向于采用低解释水平来进行思考（Watkins，2011）。

前人研究表明，社会拥挤将引发个体的回避反应（Gray，McNaughton，2000；McNaughton，Corr，2004），例如更加焦虑、高唤起水平、愉悦感降低（Aiello et al.，1977；Schaeffer，Patterson，1980；Worchel，Teddlie，1976）。大量研究表明，回避反应与自我保护和激发预防导向目标相关（Förster et al.，1998；Förster et al.，2001；Förster et al.，2005）。预防导向目标通常是通过降低潜在损失和增加与预防相关行为（例如在驾驶的时候车速变得更加缓慢）而达成的（Higgins，2000）。因此，具有防御导向的人更倾向于风险规避，更容易实现自我保护（Markman，Brendl，2000）。在社会拥挤的环境中，人们更加倾向于购买低风险的产品（例如不购买高风险的股票而选择购买低风险的保险），他们更加关注损失（Lee，Aaker，2004）。

三、社会拥挤对服务营销的影响

前人对于营销环境的研究突出了社会因素的影响，例如店员或导购的存在对于购买意向的影响（Eroglu，Machleit，1990；Eroglu，Machleit，Barr，2005；Grewal et al.，2003；O'Guinn，Tanner，Maeng，2015）。店员和购物者存在接触，例如身体靠近、语言交流，消费者的购买意向取决于当时的购物环境和人员构成（Baker et al.，2002；Grewal et al.，2003）。

前人的研究揭示了社会拥挤导致人员接触，这与购买决策之间存在着一定的关系，但具体的影响方向仍具有不确定性（Whitaker，1978）。例如，对于餐饮行业的

研究，更加亲密的个人空间会让消费者有更加积极的反应，如依恋、信任、温暖、真诚（Mehrabian，1971），在对服务进行评价时也更加正面（Hornik，1992；Price et al.，1995）。但不同类型的服务，会导致不同的反应，有些反应在拥挤条件下反而是消极的（Hornik，1992；Mehrabian，1971）。例如，人们对于存在社会拥挤的医院环境有着更加消极的表现，如更加警觉、不安和不信任（Hornik，1992）。

而在零售环境中，社会拥挤会导致人与人之间接触更亲密、产生对话、接触时间更长，而并非只是个人空间的减少，人与人之间的接触也是影响消费者行为的重要因素（Gallace，Spence，2010；Hornik，1992；Levav，Argo，2010）。Argo 等人（2005）发现，消费者不喜欢一个人在商店中，但有其他购物者存在时，对消费者的情绪会产生影响，例如令消费者唤起水平更高。

四、社会拥挤对产品偏好的影响

社会拥挤对消费者行为的影响可能并不完全是负面的。研究发现，社会拥挤也会影响消费者的购买决策，经营者根据这些改变可以制定营销策略，从而增加盈利。购物者可能会采取一些应对策略，如调整购物时间和改变购物计划来应对感知到的拥挤（Harrell et al.，1980）。Mattila 和 Wirtz（2008）发现商场员工的帮助可以减少社会拥挤对购买的负面影响。

近几年的研究开始针对社会拥挤对消费者选择及产品偏好的影响。例如，Xu 等人（2012）发现，与他人接近会威胁消费者的独特性需求，从而消费者会更加偏好独特性产品来作为展现自己差异化的方式。尽管前人研究发现，处在人群中的消费者会倾向于购买与周围人相似的产品，来保证自己与所处群体的活动保持一致（Mead et al.，2011）。但由于人类生存需要自我的空间，侵犯个人空间会引起紧张和不适，并能引起抗拒行为（Edney et al.，1976）。当人们意识到自由受到威胁时就会产生抗拒的状态，它的产生旨在获取自由（Brehm，1966；Wicklund，1974）。例如未经消费者同意，店员主动向购买者进行推荐的产品常常遭到拒绝，消费者往往会做出与推荐相悖的选择（Fitzsimons，Lehmann，2004；Zemack Rugar et al.，2008），以及消费者可能拒绝公司的某些激励计划，因为他们认为这些公司可能操纵他们的购买（Kivetz，2005）。侵犯个人空间也会导致类似的抗拒行为，例如 Albert 和 Dabbs（1970）表明，当消费者感到个人空间受到了威胁，他们更不会接受促销信息。

而 Maeng 等人（2013）认为，社会拥挤会使消费者产生更加保守的购买行为，他们会更加关注预防导向，从而导致消费者对安全导向的产品选择（如药品、保险）有更大的偏好。由于在拥挤的环境中，侵犯个人空间的行为更有可能发生，社交拥挤足以引发回避反应。事实上，人类发展以来，来自其他人的攻击是人类生存的主要威胁（Neuberg et al.，2011）。因此，根据人的本能反应，侵犯个人空间会激活人类的防御系统。前人研究认为，人类的防御系统是为了应对环境对身体生存的威胁而进化的（Lang et al.，1997）。为了更好地保护自己，人们不愿意冒风险，因此会产生相对保守的行为。

随着网上购物的发展，社会拥挤不仅出现在零售行业，而且在通勤中，消费者也可以通过移动设备进行购物。Andrews 等人（2015）则研究了移动广告，他们认为拥挤会降低人们对移动广告的反应率。除此之外，Hock 和 Bagchi（2018）认为拥挤会影响个体的信息处理过程，从而增加高热量食品的消费。Huang 等人（2018）发现社会拥挤会影响人们对品牌的选择，使人们对品牌产生依赖。此外，在拥挤的购物环境中，个体的支付意愿较低（O'Guinn, Tanner, Maeng, 2015）。有研究发现社会拥挤还会增强个体对自我提升类产品的偏好。该研究通过地铁田野实验和实验室实验的方法，利用某阅读软件上的"话术精讲"和"看电影学英语"等刺激物来对自我提升产品进行操控，研究发现社会拥挤会增强个体的自我提升需求，从而提高对自我提升类产品的偏好。同时，利用中国综合社会调查数据调查了全国28个省份，调查结果显示在高社会公平感或低就业率情况下，这样的偏好会表现得更加强烈（丁瑛，钟嘉琦，2020）。总而言之，前人对于社会拥挤的研究表明，社会拥挤在营销领域中是一个需要重视的环境因素。

五、空间拥挤对消费行为的影响

在消费者行为领域的研究中，空间拥挤通常受到消费环境中商品数量或商店布置的影响（Bitner，1992）。消费者的唤醒水平会受到空间拥挤的影响，不同环境中会有不同程度的唤起需求，而空间拥挤导致消费者产生高于舒适水平的唤起，因此消费者会在空间拥挤中产生消极情绪（Wohlwill，1974）。而空间拥挤相较于社会拥挤，并不受人群互动的干扰，因此空间拥挤的影响更加固定。即便不与他人接触，仅空间拥挤也会对消费者的控制感产生负面影响（van Rompay et al.，2008）。

消费者在空间拥挤中往往会增加消极情绪。前人研究表明，空间拥挤会让顾客感到压力（Machleit et al.，1994）。消费者在拥挤空间中，往往没有足够的私人空间，这种情况下通常是不愉快的、焦虑的（Stokols，1972），从而使购物体验变差

（Blut，Iyer，2020）。此外，Eroglu等人（2005）研究发现空间拥挤增加了消极情绪，并随后影响消费者的享乐和实用购物价值以及购物满意度。

空间拥挤的影响相对固定，与社会拥挤相比，更会刺激消费者产生回避型消费行为（van Rompay et al.，2008）。但社会拥挤在情感维度的影响比空间拥挤更强（Machleit et al.，2000）。空间拥挤会影响消费者的可用空间感知，个人空间受限会常通过个人情绪对消费行为产生影响。Xu和Albarracin（2016）的研究发现，在物理空间受限的情境中，消费者会增强对自身行为的调节，反而能更好地控制冲动的消费行为。但补偿性消费理论（Compensatory Consumption Theory）认为，个体通常通过消费来间接地满足其心理需求（Rucker，Galinsky，2009）。例如，空间拥挤会使个体自由受限，为重新获得控制，消费者会产生多样化寻求行为，消费者通过多样化选择来获得自由，从而应对空间受限（Levav，Zhu，2009）。

此外，空间拥挤对消费者产生负向影响主要会降低消费者的购买意愿（Li et al.，2009），购物愉悦感也会降低（Kim，Runyan，2011）。同时，消费者会将具有空间拥挤的商店与低价商店、折扣商店相联系，对店铺的印象会降低，增加对商店的负面印象（Li et al.，2009）。

第四节 拥挤的测量与操纵方式

一、拥挤的测量方式

早期关于拥挤问题的测量研究，主要是生物学和病理学等自然科学实验室中以动物为研究对象的实验研究，以人口普查数据为基础的社会学研究和以人为研究对象的实验研究。实验室以动物为对象的研究属于基础研究，为以后拥挤问题的研究打下了生物学、生态学以及病理学等方面的基础。Calhoun（1962）对实验室的老鼠在拥挤情境下的反常行为进行研究。他首先让鼠群在物资充沛的环境中自然繁殖，鼠群规模迅速扩大，鼠群出现紧张、亢奋、肆意攻击等社群行为，客观阻止了鼠群的激增。Southwick（1967）对猴子在拥挤情况下的行为进行研究发现在拥挤情况下猴子更易发起格斗行为。Christian，Hyger和Davis（1960）对一个小岛上的鹿群进行观察发现当鹿群数量增加时，鹿群的繁殖能力就会下降以维持鹿群数量的均衡。

将自然科学实验室的研究成果推广到人类社会中，有研究者发现在高度拥挤的情况下，人的行为会呈现与动物行为的高度相似性。城镇化的快速发展，大量的人口涌入城市，拥挤现象相伴而生（Stokols，1972）。为了全面提高人们城市生活质量，拥挤研究涉及场景越来越广，包括住宅拥挤、工作场所拥挤、交通拥挤以及商店和餐馆等消费场所拥挤（Karlin et al.，1978）。尽管以动物为研究对象的拥挤问题研究推动了人类拥挤问题的研究，但是不能单纯地以动物在拥挤环境中的行为类比人类行为，人类在拥挤情境下的行为受到人口密度以及多种因素的影响而更为复杂（Lawrence，1974）。Pressman 和 Carol（1971）研究发现当控制社会经济因素和种族因素等社会因素时，人口密度和社会病态现象的相关性就不再显著。Galle 等人（1972）对照 Calhoun 的研究中老鼠对拥挤的行为反应制定了相应的社会病理学指标，并发现人口密集和反常行为存在显著相关性，但是当社会阶层和种族因素控制以后，二者的相关性不再显著。Schmitt，Zone 和 Nishi（1966）根据火奴鲁鲁市的人口普查数据研究发现，受教育程度和收入水平都会影响人口密度和人们反常的社会行为之间的关系。

近年来，在营销模型研究中，学者们逐渐开始关注拥挤这一环境变量。作为二手数据的客观变量，通常与社会密度的测量方式相似，例如采用人口密度作为变量来代替社会拥挤，人口密度的计算方式通常采用年末常住人口数/地表总面积所得（Boots，1979）。另一种测量方式则与通勤结合，通常为了研究上下班地铁或火车拥挤对于消费者的影响，将社会拥挤转化为座位密度，采用总人数/每排座位数量（Evans，Wener，2007）来测量拥挤度。此外，Andrews 等人（2015）通过每平方米的地铁乘客数量来衡量社会拥挤程度。他们测量了每节地铁列车上的移动数据用户的数量，即自动连接到地铁隧道蜂窝网络的移动用户的数量，通过计算客运量除以每节地铁列车的总面积作为拥挤程度。

在行为学的研究中，为了测量消费者对于社会拥挤的感受，通常采用社会拥挤量表测量。Harrell 等人（1980）开发了六项的七分语义量表：顾客太多/顾客太少，限制自由移动/允许自由移动；可以根据自己的方向移动/必须紧跟他人脚步，拥挤的/宽敞的，封闭的/开放的，广阔的/局限的。旅游学研究中，常通过直接问卷调查和询问旅游资源使用者的主观拥挤感知来进行测量。Heberlein 和 Vaske（1977）开发的李克特 9 点量表来测量拥挤感知，该量表被广泛应用于拥挤感知。Vaske 和 Sheby（2008）设置了 9 点量表来测量拥挤感知。在这个 9 点量表中，1～2 表示一点也不拥挤，3～4 表示轻微拥挤，6～7 表示适度拥挤，8～9 表示极端拥挤。

二、拥挤的操控方式

而对于拥挤操控常用在行为学的实验研究中。对于拥挤程度的操控方式通常采用图片场景操控和真实情境操控两种方式。

图片场景操控通常需要被试观察所示图片，想象自己正处于该图片场景中，并且描述该图片的情境及自己的感受（Maeng，Tanner，2013）。图片选取有两种方式：真实环境照片和采用轮廓剪影代替人物的虚拟图片。例如，Maeng 和 Tanner（2013）同时采用了两种图片场景操控来操纵被试对于社会拥挤的感知。真实环境的拥挤照片采用了集会中的人群，虚拟图片则采用咖啡馆背景，黑色剪影代替消费者。近年来，为了增强社会拥挤的操纵效应，学者们开始探索在图片场景操纵基础上使用动态视频对拥挤进行操纵（Maeng et al.，2017）。

真实情境操控则利用实验室环境，制造真实的拥挤环境，唯一改变的是进入实验室的人数。被试被随机分配到拥挤组或非拥挤组，其中拥挤组约10～14人，非拥挤组在2～3人（Hock，Bagchi，2018）。但需要根据实验室的真实环境，例如实验室面积、改变实验室设置。

图片操控能够通过网上问卷对拥挤进行测量，是更加方便、快捷的方式，但由于缺少了人与人之间的接触，所以其对于拥挤的操控较为片面。真实情境操控则能够弥补这一问题，但实行困难，研究者需选择最适合的研究方法对拥挤进行操控。

本章参考文献

[1]　王莹，尤心怡，王奕婧，等，2020．中国新型冠状病毒肺炎疫情再生系数评估[J]．中华流行病学杂志，41（04）：476-479．

[2]　丁瑛，钟嘉琦，2020．社会拥挤对自我提升类产品偏好的影响[J]．心理学报，52（02）：216-228．

[3]　国家卫生健康委办公厅，2020．关于印发新型冠状病毒肺炎诊疗方案（试行第七版）取自 http：//www.nhc.gov.cn/yzygj/s7653p/202003/46c9294a7dfe4cef80dc7f5912eb1989.shtml．

[4]　国务院，2020．国务院应对新型冠状病毒感染肺炎疫情联防联控机制关于进一步做好重点场所重点单位重点人群新冠肺炎疫情防控相关工作的通知．

[2020-04-25]. 取自 http：//www. gov. cn/zhengce/content/2020-04/08/content_5500241. htm.

[5] 联合国，2019. 2019 年人口统计. [2020-04-11] 取自 http：//data. un. org/_Docs/SYB/PDFs/SYB62_1_201907_Population,%20Surface%20Area%20and%20Density. pdf.

[6] AIELLO J R, DERISI, D T, EPSTEIN, et al, 1977. Crowding and the role of interpersonal distance preference. Sociometry, 40 (3)：271-282.

[7] ALTMAN I, 1975. The environment and social behaviour：Privacy, personal space, territory and crowding. Brooks/Cole, Monterey, California.

[8] ANDREWS M, LUO X, FANG Z, et al, 2016. Mobile ad effectiveness：Hyper-contextual targeting with crowdedness. Marketing Science, 35：218-233.

[9] ARIELY D, LEVAV J, 2000. Sequential choice in group settings：Taking the road less traveled and less enjoyed. Journal of Consumer Research, 27：279-290.

[10] AUVERT B, BUVE A, FERRY B, et al, 2001. Ecological and individual level analysis of risk factors for hiv infection in four urban populations in sub-saharan africa with different levels of hiv infection. Aids, 15：S15-S30.

[11] BARONE M J, MINIARD P W, 2002. Mood and brand extension judgments：Asymmetric effects for desirable versus undesirable brands. Journal of Consumer Psychology, 12：283-290.

[12] BATESON J E G, HUI M K, 1992. The ecological validity of photographic slides and videotapes in simulating the service setting. Journal of Consumer Research, 19：271-281.

[13] BAUMEISTER R F, SMART L, BODEN J M, 1996. Relation of threatened egotism to violence and aggression：The dark side of high self-esteem. Psychological Review, 103：5-33.

[14] BELLENGER D N, ROBERTSON D H, GREENBERG B A, 1977. Shopping center patronage motives. Journal of Retailing, 53：29-38.

[15] BLUT M, IYER G R, 2020. Consequences of perceived crowding：A meta-analytical perspective. Journal of Retailing, 96：362-382.

[16] BORRIE W T, 1999. Disneyland and disney world：Designing and prescribing the recreational experience. Loisir & Societe-Society and Leisure, 22：71-82.

[17] BREHM J W, 1966. A theory of psychological reactance. New York: Academic Press.

[18] BROCKMANN D, 2005. Dynamics of epidemics spread across airline networks in sars: A case study in emerging infections. Oxford: Oxford University Press.

[19] BURGOON J K, 1978. A communication model of personal space violations: Explication and an initial test. Human Communication Research, 4 (2): 129-142.

[20] CAIN C K, LEDOUX, J. E, 2008. Emotional processing and motivation: In search of brain mechanisms in handbook of approach and avoidance motivation. New York: Psychology Press.

[21] CALHOUN J B, 1962. Population density and social pathology. Scientific American, 206: 139-148.

[22] COHEN A, 1989. Urban unfinished business. Journal of public health policy, 10: 214-221.

[23] DELEVOYE-TURRELL Y, VIENNE C, COELLO Y, 2011. Space boundaries in schizophrenia voluntary action for improved judgments of social distances. Social Psychology, 42: 193-204.

[24] DESOR J A, 1972. Toward a psychological theory of crowding. Journal of Personality and Social Psychology, 21 (1): 79-83.

[25] EROGLU S A, MACHLEIT K, BARR T F, 2005. Perceived retail crowding and shopping satisfaction: The role of shopping values. Journal of Business Research, 58: 1146-1153.

[26] EROGLU S A, MACHLEIT K A, 1990. An empirical-study of retail crowding-antecedents and consequences. Journal of Retailing, 66: 201-221.

[27] EVANS G W, WENER R E, 2021. Crowding and personal space invasion on the train: Please don't make me sit in the middle (vol 27, pg 90, 2007). Journal of Environmental Psychology, 76.

[28] FELIPE N J, SOMMER R, 1966. Invasions of personal space. Social Problems, 14 (2): 206-214.

[29] FORSTER J, GRANT H, IDSON L C, et al, 2001. Success/failure feedback, expectancies, and approach/avoidance motivation: How regulatory focus moderates classic relations. Journal of Experimental Social Psychology, 37:

253-260.

[30] FORSTER J, HIGGINS E T, IDSON L C, 1998. Approach and avoidance strength during goal attainment: Regulatory focus and the "goal looms larger" effect. Journal of Personality and Social Psychology, 75: 1115-1131.

[31] FORSTER J, LIBERMAN N, HIGGINS E T, 2005. Accessibility from active and fulfilled goals. Journal of Experimental Social Psychology, 41: 220-239.

[32] GOFFMAN E, 1963. Behavior in public places: Notes on the social organization of gatherings. New York: Free Press.

[33] GRAY J A, MCNAUGHTON N, 2000. The neuropsychology of anxiety: An enquiry into the function of the septo-hippocampal system. 2 ed. Oxford: Oxford University Press.

[34] GREWAL D, BAKER J, LEVY M, et al, 2003. The effects of wait expectations and store atmosphere evaluations on patronage intentions in service-intensive retail stores. Journal of Retailing, 79: 259-268.

[35] GRIFFITT W, VEITCH R, 1971. Hot and crowded: The influences of population density and temperature on interpersonal affective behavior. Journal of Personality and Social Psychology, 17: 92-98.

[36] HALL E T, 1966. The hidden dimension. New York: Doubleday.

[37] HARRELL G D, HUTT M D, ANDERSON J C, 1980. Path-analysis of buyer behavior under conditions of crowding. Journal of Marketing Research, 17: 45-51.

[38] HARRELL G D, HUTT M. D. , 1976. Buyer behavior under conditions of crowding: An initial framework. Advances in Consumer Research, 3: 36-39.

[39] HEDIGER H, 1955. Studies of the psychology and behavior of captive animals in zoos and circuses. Oxford: Criterion Books.

[40] HIGGINS E T, 2000. Making a good decision: Value from fit. American Psychologist, 55: 1217-1230.

[41] HOCK S J, BAGCHI R, 2018. The impact of crowding on calorie consumption. Journal of Consumer Research, 44: 1123-1140.

[42] HUANG X, HUANG Z, WYER R S, 2018. The influence of social crowding on

brand attachment. Journal of Consumer Research, 44: 1068-1084.

[43] HUDDART E, BECKLEY T M, MCFARLANE B L, et al, 2009. Why we don't "walk the talk": Understanding the environmental values/behaviour gap in canada. Human Ecology Review, 16: 151-160.

[44] HUI M K, BATESON J E G, 1991. Perceived control and the effects of crowding and consumer choice on the service experience. Journal of Consumer Research, 18: 174-184.

[45] IJZERMAN H, SEMIN G R, 2010. Temperature perceptions as a ground for social proximity. Journal of Experimental Social Psychology, 46: 867-873.

[46] JONES K E, PATEL N G, LEVY M A, et al, 2008. Global trends in emerging infectious diseases. Nature, 451: 990-994.

[47] KING D A, PECKHAM C, WAAGE J K, et al, 2006. Infectious diseases: Preparing for the future. Science, 313: 1392-1393.

[48] LANG P J, BRADLEY M M, 2008. Appetitive and defensive motivation is the substrate of emotion in handbook of approach and avoidance motivation. New York: Psychology Press.

[49] LANG P J, BRADLEY M M, CUTHBERT B. N, 1997. Motivated attention: Affect, activation, and action in attention and orienting: Sensory and motivational processes. Lawrence Erlbaum Associates, Mahwah, NJ.

[50] LECLERCQ I, 2005. Strategies for containing an emerging influenza pandemic in southeast asia. Virologie (Montrouge, France), 9: 498-498.

[51] LEE A Y, AAKER J L, 2004. Bringing the frame into focus: The influence of regulatory fit on processing fluency and persuasion. Journal of Personality and Social Psychology, 86: 205-218.

[52] LEVAV J, ARGO J J, 2010. Physical contact and financial risk taking. Psychological Science, 21: 804-810.

[53] LEVAV J, ZHU R, 2009. Seeking freedom through variety. Journal of Consumer Research, 36: 600-610.

[54] LI J-G T, KIM J-O, LEE S Y, 2009. An empirical examination of perceived retail crowding, emotions, and retail outcomes. Service Industries Journal, 29: 635-652.

[55] MACHLEIT K A, EROGLU S A, 2000. Describing and measuring emotional response to shopping experience. Journal of Business Research, 49: 101-111.

[56] MACHLEIT K A, EROGLU S A, MANTEL S P, 2000. Perceived retail crowding and shopping satisfaction: What modifies this relationship? Journal of Consumer Psychology, 9: 29-42.

[57] MACHLEIT K A, KELLARIS, J J, EROGLU S. A, 1994. Human versus spatial dimensions of crowding perceptions in retail environments: A note on their measurement and effect on shopper satisfaction. Marketing Letters, 5 (2): 183-194.

[58] MAENG A, TANNER R J, 2013. Construing in a crowd: The effects of social crowding on mental construal. Journal of Experimental Social Psychology, 49: 1084-1088.

[59] MAENG A, TANNER R J, SOMAN D, 2013. Conservative when crowded: Social crowding and consumer choice. Journal of Marketing Research, 50: 739-752.

[60] MAENG A, TANNER R J, WU K, 2017. The influence of social crowing on creativity. Association for Consumer Research.

[61] MARKMAN A B, BRENDL C M, 2000. The influence of goals on value and choice in psychology of learning and motivation: Advances in research and theory, in: Douglas L. Medin, e. S. D. (Ed.), Academic Press, 97-128.

[62] MATTILA A S, WIRTZ J, 2008. The role of store environmental stimulation and social factors on impulse purchasing. Journal of Services Marketing, 22 (7): 562-567.

[63] MCCLELLAND L, AUSLANDER N, 1978. Perceptions of crowding and pleasantness in public settings. Environment and Behavior, 10: 535-553.

[64] MCDOWELL K V, 1972. Violations of personal space. Canadian Journal of Behavioural Science, 4 (3): 210-217.

[65] MCGREW P L, 1970. Ocial and spatial density effects of spacing behavior in preschool children. ournal of Child Psychology and Psychiatry, 11 (3): 197-205.

[66] MEAD N L, BAUMEISTER R F, STILLMAN T F, et al, 2011. Social

exclusion causes people to spend and consume strategically in the service of affiliation. Journal of Consumer Research, 37: 902-919.

[67] MEHTA R, SHARMA N K, SWAMI S, 2012. The impact of perceived crowding on consumers' store patronage intentions: Role of optimal stimulation level and shopping motivation. Journal of Marketing Management, 29 (7): 812-835.

[68] MICHON R, CHEBAT J C, TURLEY L W, 2005. Mall atmospherics: The interaction effects of the mall environment on shopping behavior. Journal of Business Research, 58: 576-583.

[69] MILGRAM S, 1970. The experience of living in cities. Science, 167: 1461-1468.

[70] MITTAL B, 2015. Self-concept clarity: Exploring its role in consumer behavior. Journal of Economic Psychology, 46: 98-110.

[71] O'GUINN T C, TANNER R J, MAENG A, 2015. Turning to space: Social density, social class, and the value of things in stores. Journal of Consumer Research, 42: 196-213.

[72] OLDHAM G R, FRIED Y, 1987. Employee reactions to workspace characteristics. Journal of Applied Psychology, 72: 75-80.

[73] PAN Y, SIEMENS J C, 2011. The differential effects of retail density: An investigation of goods versus service settings. Journal of Business Research, 64: 105-112.

[74] PONS F, LAROCHE M, 2007. Cross-cultural differences in crowd assessment. Journal of Business Research, 60: 269-276.

[75] PONS F, LAROCHE M, MOURALI M, 2006. Consumer reactions to crowded retail settings: Cross-cultural differences between north america and the middle east. Psychology & Marketing, 23: 555-572.

[76] PROSHANSKY H M, ITTELSON W, RIVLIN L G, 1970. Environmental psychology. New York: Holt, Rinehart and Winston.

[77] PUZAKOVA M, KWAK H, 2017. Should anthropomorphized brands engage customers? The impact of social crowding on brand preferences. Journal of Marketing, 81: 99-115.

[78] RAPOPORT A, 1975. Toward a redefinition of density. Environment and Behavior, 7: 133-158.

[79] RATNER R K, KAHN B E, 2002. The impact of private versus public consumption on variety-seeking behavior. Journal of Consumer Research, 29: 246-257.

[80] RODIN J, 1976. Density, perceived choice, and response to controllable and uncontrollable outcomes. Journal of Experimental Social Psychology, 12: 564-578.

[81] RUCKER D D, GALINSKY A D, 2008. Desire to acquire: Powerlessness and compensatory consumption. Journal of Consumer Research, 35: 257-267.

[82] SCHAEFFER G H, PATTERSON M L, 1980. Intimacy, arousal, and small-group crowding. Journal of Personality and Social Psychology, 38: 283-290.

[83] SHERROD D R, COHEN S, 1978. Density, perceived control, and design in residential crowding and design. New York: Plenum Press.

[84] SOMMER R, BECKER F D, 1969. Territorial defense and the good neighbor. Journal of Personality and Social Psychology, 11: 85-92.

[85] STOKOLS D, 1972. On the distinction between density and crowding: Some implications for future research. Psychological Review, 79: 275-277.

[86] STOKOLS D, RALL M, PINNER B, et al, 1973. Physical, social, and personal determinants of the perception of crowding. Environment and Behavior, 5 (1): 87-115.

[87] SUNDSTROM E, 1975. Experimental study of crowding-effects of room size, intrusion, and goal blocking on nonverbal behavior, self-disclosure, and self-reported stress. Journal of Personality and Social Psychology, 32: 645-654.

[88] TOOBY J, COSMIDES L, 1990. The past explains the present-emotional adaptations and the structure of ancestral environments. Ethology and Sociobiology, 11: 375-424.

[89] TSE A C B, SIN L, YIM F H K, 2002. How a crowded restaurant affects consumers' attribution behavior. International Journal of Hospitality Management, 21 (4): 449-454.

[90] VALLACHER R R, WEGNER D M, 1989. Levels of personal agency-

individual variation in action identification. Journal of Personality and Social Psychology, 57: 660-671.

[91] VAN ROMPAY T J L, GALETZKA M, PRUYN A T H, et al, 2008. Human and spatial dimensions of retail density: Revisiting the role of perceived control. Psychology & Marketing, 25: 319-335.

[92] WEGNER D M, WHEATLEY T, 1999. Apparent mental causation-sources of the experience of will. American Psychologist, 54: 480-492.

[93] WEISS R A, MCLEAN A R, 2004. What have we learnt from sars? Philosophical transactions of the royal society of london. Series B, Biological Sciences, 359 (1447): 1137-1140.

[94] WEISS R A, MCMICHAEL A J, 2004. Social and environmental risk factors in the emergence of infectious diseases. Nature Medicine, 10: 70-76.

[95] WHITSON J A, GALINSKY A D, 2008. Lacking control increases illusory pattern perception. Science, 322: 115-117.

[96] WICKLUND R A, 1974. Freedom and reactance. Erlbaum, Potomac, MD.

[97] XU J, SHEN H, WYER R S, 2012. Does the distance between us matter? Influences of physical proximity to others on consumer choice. Journal of Consumer Psychology, 22: 418-423.

第六章　数字化环境背景与消费决策

当下，数字化俨然已经成为一个高频词汇，数字经济在全球经济增长中扮演着越来越重要的角色，以互联网、云计算、大数据、物联网、人工智能为代表的数字技术发展迅猛，数字技术与传统产业的深度融合极大地影响着人们的消费决策和行为。本章将围绕数字技术和数字化，分析其对个体消费决策的影响，具体包括数字经济和数字化营销、大数据顾客画像、数字化转型对消费者行为的影响、直播购物情景下的消费心理以及人工智能与服务满意度五个部分。

第一节　数字经济与数字化营销

一、数字经济

（一）数字经济的内涵

2016 年，G20 杭州峰会给出了数字经济的定义：数字经济是指以使用数字化的知识和信息作为关键生产要素、以现代信息网络作为重要载体、以信息通信技术的有效使用作为效率提升和经济结构优化的重要推动力的一系列经济活动。具体而言，数字经济包括两大部分：一是电子信息制造业、电信业、软件和信息技术服务业、互联网行业等在内的信息通信产业部分；二是传统产业由于应用数字技术所带来的生产数量、质量和生产效率提升，其新增产出构成数字经济融合的重要组成部分。

数字经济是人类社会发展出的一种新经济形态，如今日益成为全球经济发展的新动能，在全球经济发展中占据着重要位置。不少国家和企业积极发展数字经济，全力抢占经济增长新高地。不同于农业经济、工业经济以土地、劳动力和资本作为关键生产要素，数字经济最鲜明的特点就是以数据作为关键生产要素，以有效运用网络信息技术作为提升全要素生产率和优化经济结构的核心驱动力（陈煜波，2018）。

互联网、云计算、大数据、物联网、金融科技和其他新的数字技术被用来以数字方式收集、存储、分析和共享信息，并转变社会互动。数字化、网络化和智能化的信通技术使现代经济活动更加灵活、敏捷和智能。数字经济正经历高速增长、快速创新和广泛应用于其他经济部门，它是全球经济增长日益重要的驱动力，在加速经济发展、提高现有产业的生产率、培育新市场和产业以及实现包容性可持续增长方面发挥着重要作用。

（二）发展历程

人类历史上经历过三次重要的经济转型，分别是农业经济、工业经济和数字经济。农业经济时期以土地和劳动力作为关键生产要素，工业经济在农业经济的基础上产生了一个新的生产要素——资本。在人类社会从农业经济向工业经济转型时，诞生了亚当·斯密的《国富论》和马克思《资本论》，其分析了资本和土地、劳动力的关系，福特公司的T形车奠定了工业经济时代的流水线生产方式和商业模式。而后2008年，苹果公司推出的iPhone 3G拉开了数字经济时代的生产方式和商业模式的帷幕。自此，数据作为一个新的关键生产要素进入社会发展舞台。

目前，和世界其他国家相比，中国数字经济保持着高速增长。根据中国信息通信研究院的报告显示，2019年，全球47个国家的数字经济增加值规模达到31.8万亿美元，数字经济占GDP比重达到41.5%；全球数字经济的平均增速达到5.4%。其中，我国的数字经济总产值达到35.8万亿元，占GDP比重达到36.2%；数字经济总量比2005年增长了12.7倍，年复合增长率高达20.6%，远远高于这一时期全球数字经济增长速度的平均水平。这主要得益于两方面，一方面，我国政府在发展数字化的阶段推出了一系列具有前瞻性的数字基础设施建设政策，例如带宽、5G技术等，将国内市场的超大规模优势和人口优势进一步转化为数据资源优势，为数字经济在我国的发展奠定了数据基础。另一方面，数字经济发展过程中涌现除了一批优质的大型企业，例如阿里、京东等，将数字经济和我国的实践相结合，使得数字经济在全国范围内更广泛地铺开，并且为如何解决市场信任问题树立了典范，加上政府支持和监管，更多的小企业也参与其中，活跃创新。

二、数字经济与消费市场

（一）数字经济影响消费市场的机制

数字经济之所以能够对消费市场产生影响，主要是因为数字经济能够加快生产阶段的数字化和智能化、降低交易成本并创造新的消费需求、加快居民消费理念及消费行为转变等（马玥，2021）。

1. 加快生产阶段的数字化和智能化

数字经济能加快生产阶段的数字化和智能化，进而引致消费侧的数字化和智能化，最终促进消费市场发展。数字经济中的大数据、5G、云计算、物联网、区块链、人工智能等数字技术应用推动产业发生巨变，产业数字化成为新趋势，促使生产方式发生重大变化，从而带来消费市场的新变化。比如生产阶段实现数字化和智能化，与之匹配的消费方式也实现数字化和智能化，由此缩短了生产和消费之间的距离和时间，有助于实现供给与需求的快速匹配和均衡，能够对消费市场健康发展产生积极影响。

2. 降低交易成本

数字经济促使生产与消费在时间和空间上进一步分离，有助于降低交易成本，创造新的消费需求，推动消费市场发展。生产与消费之间存在的交易环节需要耗费大量成本，例如搜索信息、联系对象、确定价格、谈判沟通、保障产权、签订合约等。而数字经济背景下的互联网、大数据、人工智能、区块链等数字技术应用可以使复杂交易直接在线上完成，交易活动不再受时空限制，以往必须在企业内完成的交易可以在市场中以更高效的方式完成（陈冬梅 等，2020），交易渠道和沟通方式更加简便，信息来源也更加丰富，交易成本将大幅度降低。此外，数字经济还能打破时空上的消费阻碍，改变人们的消费方式，增加消费选择，降低消费门槛，推动消费市场良性发展（吴铭栋，2021）。

3. 加快居民消费理念及消费行为转变

数字经济时代，大数据、互联网等数字技术使居民消费理念及消费行为发生了较大变化。随着社会发展和科技进步，居民对商品的需求趋于个性化和定制化，追求更高的质量和性价比，购买之前会尽可能搜寻信息进行商品细节或价格对比。数字经济时代丰富的信息搜索渠道为多样化的商品提供了内容载体，比如消费者可以更直观地通过视频、图片、文字甚至VR线上体验等渠道获取有效信息，还能通过其他买家的评价或与之交流来对商品进行筛选。与传统消费相比，数字经济时代的消费将节约消费者大量的时间成本和精力，降低由于信息不对称所造成的供需双方不匹配矛盾，促进消费市场有序发展。此外，兼具安全性和便捷性的数字金融也改变了居民消费行为。传统消费市场中一般采用现金或银行卡支付的方式，在数字经济的影响下发生了翻天覆地的变化，数字金融的发展为消费渠道的改变提供了有利条件。

(二) 数字经济影响消费市场的表现

由数字经济支撑形成的新业态、新模式正在有力地推动着消费市场升级。随着数字产业化稳步发展，产业数字化深入推进，数字经济正不断拓展社会消费新领域。数字经济对消费市场的影响主要表现在消费方式、消费模式、消费群体和消费范围等方面。

1. 消费方式：从线下扩展到线上形成融合消费

随着各大电商平台的迅猛发展和网络销售渠道的逐渐成熟，网络消费不再局限于网络购物、餐饮外卖，文化娱乐类、公共服务类消费逐渐增多，如线上影院、付费视频、网约车、在线教育、在线医疗、网络会议等，特别是疫情期间数字消费的需求激增。根据阿里健康 2020 年财报数据显示，阿里健康来自线上健康咨询等互联网医疗业务的收入达到 3 842 万元，同比增长 221.1%。据艾媒咨询数据显示，2020年，我国智能移动办公市场规模达到 375 亿元，预计 2021 年将达到 469 亿元。借助数字经济与数字技术蓬勃发展的契机，服务领域成为网络消费的新热点，从而进一步延伸了消费市场，拓展了消费空间。

2. 消费模式：直播电商等新消费模式快速成长

大数据、互联网、人工智能和实体经济的深度融合，创造出智能制造、产业互联网等数字化的新业态和新模式，如跨境电商消费、网络视频付费点映、电商直播带货、社区线上团购等。数字经济为新业态、新模式发展创造了有利条件，为新消费模式的出现提供了成长空间。根据《第 47 次中国互联网络发展状况统计报告》显示，截至 2020 年 12 月，电商直播用户规模为 3.88 亿，占网民整体的 39.2%。商务部数据显示，2020 年，重点监测电商平台累计直播场次超过 2 400 万场。

3. 消费群体：中老年消费群体规模进一步扩大

当前，中国居民的线上消费习惯已经普遍养成。《中国互联网消费生态大数据报告》显示，80 后群体是互联网消费的中坚力量，90 后逐渐成为互联网消费的潜力股。随着移动应用端迅猛发展，90 后群体更愿意享受数字经济带来的便利，足不出户在线上购买日常生活用品，借助手机移动端观看短视频、畅玩网游等。然而，在新冠肺炎疫情危机倒逼下，互联网在中老年人群中也迅速普及。截至2020年12月，50岁及以上网民群体占比由2020年3月底的16.9%上升至26.3%，中老年人群的线上消费频率和深度明显提升。京东大数据研究院《聚焦银发经济——2019中老年线上消费趋势报告》显示，近三年老年适用商品数量以年均39%的速度增长。由此可见，数字经济时代，数字技术催生了消费者新的消费理念和消费行为，为新消费模式的演化提供了有利条件（崔光野，马龙龙，2020）。消费者的消费方式也发生了翻天覆地的变化，线上消费比例越来越大，消费群体也逐步扩大到中老年群体。

4. 消费范围：城乡消费市场发展差距逐步缩小

随着互联网覆盖率的提高和移动互联网的持续下沉，处在城市化进程中的底线城市、县城与农村的网络设备渗透率显著改善；同时，由于网络覆盖工程的深入拓展，农村和城镇同网同速的时代正在到来。截至2020年12月，中国农村网民规模和城镇网民规模都较同年3月出现较快增长，其中农村和城镇网民规模分别增长0.55亿人和0.31亿人，并且农村网民规模占网民整体的比例呈上升趋势，由2020年3月的28.2%上升至2020年12月的31.3%（如图6-1所示）。加之数字技术和商业模式的创新结合，电子商务范围逐步延伸到农村，打开了"农产品进城、工业品下乡"双向促进、双向融合的消费渠道，进一步激发了消费市场下沉潜力。随着农村互联网普及率的提高及农村电子商务服务范围的扩展，农村消费市场与城镇消费市场的发展差距将逐步缩小，呈现收敛态势。

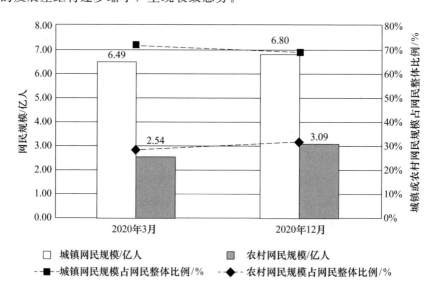

图6-1　2020年城乡网民规模及其占比情况

资料来源：马玥（2021）。

三、数字化营销

(一) 定义

随着时间的推移,"数字营销"一词已从一个描述使用数字渠道营销产品和服务的特定术语演变为一个总括术语,用于描述使用数字技术获取客户、建立客户偏好、推广品牌、留住客户和增加销售额的过程。根据美国营销协会的定义,数字营销可被视为数字技术促进的活动、机构和流程,用于为客户和其他利益相关者创造、传播和交付价值。而 Kannan(2017)采用更具包容性的观点,将数字营销定义为"一种适应性的、技术支持的过程,通过该过程,公司与客户和合作伙伴合作,共同为所有利益相关者创造、沟通、交付和维持价值"。

数字技术带来的自适应过程在新的数字环境中以新的方式创造价值。由数字技术支持的机构建立基础能力,共同为其客户和自身创造此类价值;数字技术支持的流程通过新的客户体验和客户之间的互动创造价值。数字营销本身由一系列自适应数字接触点实现,包括营销活动、机构、流程和客户。值得注意的是,随着越来越多的线下客户转向数字技术,年轻的、以数字为导向的消费者正在进入买家行列(Bughin,2015)。

(二) 数字化营销背景下的消费决策

了解数字技术如何影响消费决策是一个重要的研究领域。这是理解各种接触点在确定客户购买过程中的作用的关键。众所周知,消费者在购买过程中会经历不同的阶段,具体包括认知、熟悉、考虑、评估和购买。如果消费者通过购买一个品牌而获得持续的价值,他们更有可能成为忠诚的客户。在传统的离线环境中,消费者的旅程相当长,特别是在考虑和评估阶段,而在数字环境中,这些阶段可以被压缩甚至消除(Edelman,Singer,2015)。客户可以从搜索引擎的重点研究中收集信息,并在零售商网站或不受卖家控制的第三方论坛上阅读其他客户的评论,而最初的购买需求可以通过在社交网络上看到帖子而产生。因此,在数字环境中,客户可以以全新的方式完成决策过程。

信息搜索在客户的决策过程中起着重要作用。Ratchford 等(2003)的早期研究考察了数字环境如何影响汽车购买,发现互联网缩短了客户旅程的考虑和评估阶段,如果没有互联网,客户的搜索时间会更长。Seiler(2013)利用传统实体店的顾客购物数据显示,由于搜索成本高,顾客在大约70%的购物行程中没有搜索。如果搜索成本减少一半,需求弹性可以增加三倍以上。这些结果强调了在数字环境中降低搜索成本从而提高采购流程效率的重要性。

在数字环境中,信任是影响客户选择性信息收集和搜索行为的重要因素。Shankar 等(2002)介绍了一个利用利益相关者理论建立在线信任的概念框架,该框架从不同利益相关者(如客户、供应商和分销商)的角度探讨了信任的建立。从客户的角度来看,他们希望零售网站可信,交易信息和个人信息得到保护。然而,此类客户需求可能与供应商的效率观点不太一致。Goldfarb 和 Tucker(2011)在最早的一项关于在线购物中客户隐私问题的实证研究中进行了一项现场实验,发现目标定位会削弱展示广告的有效性。根据他们的研究,与仅具有突出性或针对性的广告相比,具有突出性和基于内容的针对性的广告对购买的影响较小,这可能是由于客户的隐私问题。

第二节 大数据顾客画像

随着信息时代的到来,每一种数据类型都在以井喷形式发展。在消费领域,消费者在每一次购买中产生的各种数据构成庞大、复杂的数据,成为企业进行生产与经营的重要依据。本节将系统讨论大数据分析的含义与特征,以及如何透过大数据理解与预测消费者行为,并重点介绍顾客画像的相关内容。

一、大数据分析

(一)大数据的定义

"大数据"在短时间内迅速渗透到社会的各行各业,成为一个引人注目的术语。相较于大数据在工业界与学术界的流行程度,关于大数据的理解仍保留了一些神秘性与复杂性。对于大数据的定义,一直存在多面的理解。首先,了解数据管理的三个重要维度(Erevelles et al.,2016):数据量(Volume)、速度(Velocity)和多样性(Variety)。数据量是指数据集的大小,速度包含数据产生、传输和分析的速度,多样性则意为数据来源的丰富性程度。基于上述单个或多个维度,许多学者提出了关于大数据的定义。例如,2013 年,第 46 届夏威夷国际系统科学会议基于数据量大小的角度,提出当数据字节超过 10 的十八次方甚至更大范围时,大数据即产生。Tech America 基金会认为,"大数据是一个描述大量高速、复杂和多变数据的术语,需要利用先进的技术来实现数据捕获、储存、分发与管理,并对信息进行分析"。麦肯锡全球研究院（McKinsey Global Institute）于 2011 年提出了一个较为经典且被广泛接受的定义："大数据是指数据量超过典型数据库软件工具的捕获、存储、管理和分析数据能力的数据集。"这一定义指出了企业因大量数据而面临的挑战，多样的数据种类和庞大的数据量使得企业无法使用传统方式和工具来进行处理。

随着大数据的深入应用，学者们关于大数据有了更为深刻的认识，在现有 3V 模型基础上引入了更多的变量，其中较为重要的是"价值性（Value）"。甲骨文公司提出，以最原始的数据状态接收时，与其庞大的数量相比，数据集的价值比较低；通过分析来获取价值，消除不重要的和不相关的部分数据，获得有价值的数据与结果后，才能称之为"大数据"。数据需要有价值，企业确定相关部分，快速提取数据并进行及时分析，从其中获得洞察力（Insight）并应用到特定领域，从价值的角度进行散发，约翰·甘茨将大数据称之为"描述了新一代的技术和架构，通过实现高速捕获、发现和分析，从大量海量数据中获取经济价值"；兰尼和贝尔将大数据定义为"高容量、高速度和种类繁多的信息资产，需要新的处理形式来发现有价值的结果，进而实现决策和流程的优化"。

综合考虑，大数据是一种信息资产，不依赖于特定领域而存在，数量、速度和多样阐述了大数据的基本特征，涉及的技术与分析方法描述了大数据这一数据集的独特要求，经济价值体现了大数据对社会经济的影响以及将信息转化为可能创造的效益的洞察力。故此，关于大数据，一个较为综合的定义是"大数据是一种具有高容量、高速度和多种类特征的信息资产，需要特定的技术与分析方法才能将之转化为价值"（Gandomi，Haider，2015）。

（二）大数据分析的方法

透过大数据，我们需要看到背后的技术需求，具体包含数据存储与数据分析两个方面。在这里，我们更多关注数据分析这一层面。大数据是一个极度庞大与复杂的数据集，以往传统的数据分析方法无法进行较好地分析乃至挖掘隐藏在背后的经济效益，所以与传统的数据统计方法不同，需要有创造性的更为复杂的方法进行处理与分析。

1. 自然语言处理

自然语言处理（Nature Language Processing）融合语言学和计算机学，以计算机为载体进行语言研究，实现对语言信息的定量化处理，以期实现人与计算机之间交互通信的自然语言。这一大类分析方法下，仍含有众多细分的具体处理方法，如图神经网络技术、预训练技术等。它广泛应用于舆情监测、文本分类、机器翻译等领域。

2. 机器学习

机器学习（Machine Learning）是一种跨学科、多领域技术，旨在研究计算机如何模拟以及实现人类的学习行为，利用现有的数据和经验来自动改进，优化某一程序的性能与表现，从而提高学习效率。传统的机器学习方法包括决策树、随机森林、贝叶斯学习等。随着大数据的深入发展，机器学习变得更为重要，通过机器学习对复杂的数据开展深入分析，智能高效地利用数据信息。在文本理解、图像检索、图形分析等方面普遍使用。

3. 神经网络

神经网络（Neural Networks）根据生物神经网络的行为特征模仿实用可行的人工神经网络模型，以算法模拟活动，进行分布式并行信息的处理，经过调整复杂网络系统内部众多节点之间的关系，实现信息处理的目的。其包括神经网络原型、建立模型、算法研究三个步骤。

4. 社交网络分析

社交网络分析（Social Network Analysis）最早由人类学家拉德克里夫·布朗提出。综合信息学、社会学、心理学、数学等众多学科的理论，主要应用于社会结构和人类社会关系的理解与分析，例如社交关系如何形成、具有哪些行为、信息传播路径等。得益于社交网络的快速发展，这一方法也得到了越来越多的应用。

二、消费大数据的类型与利用

大数据背景下，企业能够从不同来源获得不同类型的消费数据，包含结构化与非结构化数据两类。以多种来源、不同类型的消费数据创建更为健康、高效的生态系统，也是营销人员面临的一大挑战。

（一）消费大数据类型

1. 结构化数据

结构化的交易数据是指已被营销人员收集了一段时间、结构明确的数据，例如产品库存、客户记录等。尽管这部分数据以较为传统的形式存在，但是在大数据管理下，这些数据的管理变得更为便利，能够实现周期性的循环与更新。

2. 非结构化数据

非结构化数据是大数据时代最重要的消费数据来源，具体是指消费者对产品的评论信息。产品销售页面往往预留一个单独界面，以供消费者发布有关产品的评论。在数值信息方面，评论信息包含产品的平均评分、最高分。在文本信息方面，最初，消费者只能在评论界面留下文字评价。随着技术发展，评论界面亦变得更为丰富：系统会对消费者评论进行关键词提取的处理，便于后续消费者更加快速地把握评论整体的风向；对大量消费者评论进行分类，以便消费者选取自己想要查看的内容；更为多样的评论形式，除了文字，购买者还可以提供图像、视频内容，更为直观地展现消费体验。部分产品还会提供具体的品类榜单，用户能直接了解该产品在同类产品中的排名。

消费者在社交媒体上发布的内容。这部分数据又可分为两个方面：一方面，消费者日常性地在社交媒体上发布与个人有关的信息或与朋友分享行为信息；另一方面，相比于直接在产品对应界面，消费者在自己的社交媒体上发布有关产品的使用体验、表达是否满意等。因不直接在利益相关的平台，用户会传达自身最为真实的态度与想法。社交媒体上的内容可以是文字、图像、视频等。

透过产品获得的信息。对于一些人工智能产品，它们被赋予了部分收集用户信息的权利，例如智能语音助手。

（二）企业如何利用消费大数据

1. 顾客画像

利用消费者形成的各种"足迹"，企业可以实现更为精准的用户画像。通过消费者在购物平台上的浏览、搜索、收藏、购买行为，收集消费者的消费习惯、社会属性等数据，将一个实体的消费者进行相应的分类，将众多的用户信息进行标签化，并对不同标签赋予差异化的权重，进而实现高效的定向广告投放和个性化推荐。

2. 预测消费者和市场趋势

海量的消费数据让营销人员能够更好地预测消费者行为，使企业可以先发制人地做出改变，主动应对市场环境的变化。首先，可以通过模型根据消费者的需求变化实现产品与服务的动态定价。例如，制定电影票的售价时，发行方可以将上片时间、销售速度、影院所在位置、主演、创纪录事件的可能性、在网络社交媒体中的热度等纳入模型进行分析。其次，可以利用在线评论数据，结合产品价位、评论数量、正面评论与负面评论的比例、被判定有用的评论等来预测产品的需求。企业也可以利用大数据改善产品，提高服务质量。

三、顾客画像

（一）顾客画像的内涵

最早提出顾客画像的概念是交互设计之父 Cooper，他在研究中将顾客画像定义为"基于用户真实数据的虚拟代表"。Quintana 和 Haley（2017）等将顾客画像描述为"一个从海量数据中获取的、由用户信息构成的形象集合"，通过这个集合，可以描述用户的需求、个性化偏好以及用户兴趣等。Gauch 和 Speretta（2007）也将顾客画像视为一种集合，但这种集合在构成方面略有不同，主要由加权关键词、语义网以及概念层次结构组成。王宪朋（2017）认为顾客画像的定义包括三个方面内容：一是用户数据的搜集，该内容也是构建顾客画像的前提和基础；二是顾客画像与业务是密不可分的，构建顾客画像时需要对符合业务需求的特定用户进行画像，因此需要体现业务特色；三是构建顾客画像需要进行数学建模，需从已有的海量数据中挖掘出更深层次的用户潜在信息，并通过数据可视化技术为用户展示有价值的信息。综合上述内容可以看出，顾客画像的内涵主要包括以下三个方面：首先，顾客画像是用户真实数据的虚拟代表，是具有相似背景、兴趣、行为的用户群在使用某一产品或者服务时所呈现出的共同特征集合。其次，顾客画像关注的是经过静态和动态属性特征提炼后得出的"典型用户"，是具有某种显著特征的用户群体的概念模型。最后，顾客画像更加强调用户的主体地位，更加凸显用户的特定化需求（刘海鸥等，2018）。

顾客画像的内涵包含三个要素，即用户属性、用户特征、用户标签（宋美琦等，2019）。其中，用户属性分为静态属性和动态属性，静态属性指用户的基本信息（如姓名、性别、职业等）及其他相对稳定的属性；动态属性指用户的行为信息（如访问频次、访问时长、浏览记录等）及其他动态属性，用户属性可以根据研究目的有针对性的划分，以此构建更精准的顾客画像。用户特征是通过一定的方法从用户属性中抽取出来的特性或共性。而用户标签是根据用户特征进一步提炼出来的标签化文本，可以精炼准确地描述用户特征，易于理解和应用。因此，顾客画像的实质是标签化的用户全貌，构建顾客画像的过程就是基于广泛的用户数据，通过用户属性分类并利用一定的技术方法抽取得到用户特征，提炼成用户标签，最终得到顾客画像。区别于普通的用户研究，顾客画像研究更加关注用户整体特征（如图 6-2 所示），试图还原用户全貌，从而了解用户需求并提供服务。

（二）顾客画像的研究内容与技术方法

1. 基于用户行为的画像方法

顾客画像的一个核心问题是对用户行为尤其是网络用户行为进行分析。在用户网络行为分析方面，Nasraoui 和 Soliman（2007）融合了用户的动态行为，由此构建基于用户日志行为的动态画像模型，从而实现对用户网络行为的实时跟踪与动态验证。而后在此基础上，Iglesias 等（2011）对 Web 站点的网络日志进行了深度挖掘，通过对用户行为模式进行聚类来刻画不同群体的顾客画像。基于行为的顾客画像方法有助于剖析用户决策行为不同阶段表现出来的特征行为、变化过程、动因要素等，从而进一步发现该用户属于什么群体分布、该群体与其他用户群体的差异，基于此来构建较为完善的顾客画像模型，为不同群体用户提供独具特色的个性化精准服务。需要指出的是，虽然基于顾客画像研究用户行为很具直观性，企业也更加倾向于采用顾客画像分析用户行为，但如今海量的交互数据大大超出了企业自身的数据抓取、数据存储与数据分析能力，增大了顾客画像服务实现的难度（刘海鸥等，2018）。因此，如何基于大数据处理技术对用户的海量数据行为进行深入挖掘，从而构建面向用户行为大数据的画像模型，是大数据时代顾客画像落地服务领域的核心问题，还需要进一步地探讨。

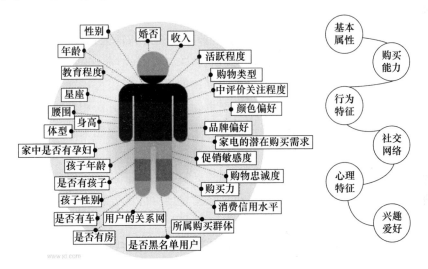

图 6-2 京东大数据顾客画像

资料来源：京东技术学院 JDTech。

2. 基于用户兴趣偏好的画像方法

用户兴趣偏好体现了用户在特定领域的某种行为偏好与特征，基于用户兴趣偏好的画像方法也成为当前学术界关注的热点之一。以往研究倾向于通过数学模型对用户兴趣进行追踪，根据用户的兴趣概况建立了用户的兴趣档案，以此来体现用户的兴趣与消费偏好。当前基于用户兴趣的画像方法主要从两方面着手，一方面是基于用户在网站及社交平台的注册信息对用户的显性兴趣进行分析，然后构建顾客画像；另一方面，也可以采用隐式方式对用户兴趣进行搜集与推理，由此建立基于用户潜在兴趣的画像模型（刘海鸥 等，2018）。需要指出的是，随着时间的推移，用户对某一资源的兴趣以及关注程度都会发生变化，产生用户兴趣漂移的情况。此外，情境要素对用户的兴趣也会产生较大的影响，在建立画像模型时应考虑用户的即时情境兴趣。因此，基于用户兴趣偏好的画像方法可进一步考虑时间以及周边情境等影响因素，如用户所处的地理位置、时间要素、天气状况、社交关系等，上述数据可通过无线射频识别技术获取并进行标签识别，从而构建与用户情境最为契合的画像模型，精准反映用户兴趣迁移的时间变化、情境敏感等特点。

3. 基于主题的画像方法

为了充分利用用户各种文本信息以建立全面而精准的顾客画像，有人提出了基于主题的顾客画像方法。早期，Blei 等（2003）提出了一个文档、主题和词的 LDA 模型，该研究通过三层贝叶斯生成 LDA 模型，可广泛应用于话题跟踪、知识发现、主题挖掘中，成为当前最具代表性的主题挖掘模型。Abel 等（2011）关注的是 Twitter 用户的顾客画像建立，利用了基于话题标签、实体和话题的顾客画像方法，通过丰富语义来提高顾客画像的多样性和准确性。而 Kim 等（2012）则从用户的阅读水平及主题分布的角度来刻画用户，所提出的概率主题模型主要包含了阅读内容和阅读任务的多样性等方面的信息。基于主题的顾客画像方法相较于其他画像方法的优势在于其可以通过主题细致描述用户兴趣的多样性，避免关键字数量高于主题数的问题，减少顾客画像的存储空间，增强算法的有效性。需要指出的是，基于主题的顾客画像方法在应用时需同时考虑用户与资源文本，以此发现两者关联、实现主题信息共享，但同时也无法根据用户特征建立用户自身的画像模型了。

4. 基于人格特性与用户情绪的画像方法

用户的个人特性及用户的某种情感信息也可应用于顾客画像模型的构建，目前已有部分学者进行了初步的尝试。已有研究结果发现，人格是网络使用行为是一个决定性因素，即网络用户的行为表现能够反映出网络用户的人格特征（刘海鸥 等，2018）。从这个新的研究角度出发，Qin 等（2010）对 Twitter 平台上的用户行为进行了分析，发现高外向性的用户相比于其他用户更倾向于通过社交工具来缓解他们的某种情绪，通过对用户情绪的挖掘，有助于进一步分析用户行为。Schiaffmo 和 Amandi（2009）对用户个人情绪状态进行分析，发现用户间的情绪状态具有相似之处，且会随着时间的推移而变化，由此他们提出基于情绪来完善顾客画像，将情绪建模作为用户行为建模的一个方向来进行探讨。该研究引发了许多研究热门方向，例如社会计算和智能代理等。目前，基于人格特性与用户情绪的画像研究难度相对较大，研究内容也较为有限。

第三节　数字化转型对消费者行为的影响

一、数字化转型下的消费新内涵

数字经济时代，消费的内容和模式都出现了新变化。

（一）数字消费内容的多元化、虚拟化和个性化

1. 消费内容的多元化

数字经济时代传统消费内容逐渐实现了数字化转型，即可数字化的传统产品和服务逐渐进行了数字化转型（韩文龙，2020）。第一、二产业等实体性产业通过"互联网+"、数字化和智能化进行结构转型，不断提高产品的科技含量和附加值。第三产业中的现代服务业与数字化融合比较快。由于服务业中的很多内容具有非实体性特征，非常容易与数字技术结合形成新的服务内容。例如银行和保险行业的部分产品和服务逐渐向数字化转型，网上银行、在线理财和数字保险产品等逆势成为了这些行业的新增长点，其交易模式也逐渐转为在线交易。数字经济时代，数据产业化创造了新消费内容。数字产业化即通过数据储备、数据挖掘和数据可视化等技术，对数字实现管理、开发和利用，形成数据产品，例如网络操作、广告推送、大数据营销、搜索服务、数据定价和交易等。数据产业化发展过程中带动了数字产品服务的新消费，其内容涵盖新闻资讯、社交娱乐、短视频、教育培训、知识学习等各个方面。总之，无论是传统消费内容数字化，还是数据产业化发展都依靠数字技术形成了多样化的产品和服务，使得人们消费选择的范围更加广泛。

2. 消费内容的虚拟化

随着收入的增加，传统的衣食住行中物质化内容比例逐渐降低，人们消费中非物质类的商品越来越多。例如，以互联网为载体的视频、图片、音频和文字等成为人民越来越重视的精神享受内容。在数字经济时代，劳动力价值中的精神层面的内容越来越多。随着互联网、人工智能、大数据和云计算等新技术的发展，消费内容越来越虚拟化。例如网上娱乐、通信视频、数字教育、社区论坛等均是在网络虚拟空间等完成的。人们可以购买虚拟产品或信息产品来满足自己的各种需求。商品的虚拟化，使得人们的消费模式也发生了改变，网络空间成为人们获得虚拟消费商品的新场所，虚拟商品的需求规模不断扩大。

3. 消费内容的个性化

随着我国经济高速发展，物质和精神产品实现了极大丰富；同时，居民的收入水平不断提高，供给能力和需求能力的双向扩张，为居民的个性化消费提供了基础。数字经济时代，凭借数字技术形成的新产品、新业态和新模式进一步催化了居民消费需求。消费的个性化，即不同的消费者关注不同产品和服务的不同点，在功能、设计、品牌、体验、服务等方面提出了个性化的要求。例如，对于新闻资讯，不同的消费者会关注不同的内容。随着大数据、人工智能、云计算等数字经济的发展和使用，在数字经济中更容易满足和实现个性化的需求。不过，数字经济时代的消费也容易被"潮流"和"意见领袖"所左右。通过大数据和可视化技术，借助网络广告、现场直播等方式，存在"关键意见领袖"的引导作用和"关键意见消费者"的评价作用。例如，"直播带货"等明星示范效应和"服务评价"等结果反馈效应会引导消费者对某种产品和服务产生非理性偏好。

（二）消费模式的网络化和平台化

数字经济时代，人们的消费模式发生了巨大改变，网络和平台逐渐占据了消费渠道的主导地位。在线零售快速发展，已经成为人们赖以生活的新方式。在数字经济时代，网络成了连接生产者、供给者和消费者的中间纽带，通过信息传递和互动，消费者可以获得个性化的商品和服务。互联网的快捷和便利使得消费突破了时间和空间的限制，使得消费边界不断扩展。消费者可以在网络上购买家电、书籍和日用品等，还可以购买虚拟化的产品和服务。网络平台通过大数据分析可以较快地实现供需双方信息的匹配，供给者可以更好地满足消费者的个性化需求。

当前，平台经济正在成为数字经济领域发展的新趋势，它依靠数据收集、数据传输、数据处理和数据挖掘等形成了商品流和信息流的集成，正在形成跨越时空的全球性网络体系，连接了全球范围的生产、交换、分配和消费等活动（谢富胜，2019）。平台经济的崛起极大地改变了消费者的消费模式。消费者通过手机等移动终端接入某一专业平台就可以完成商品的筛选、购买、评价和服务的预订等。平台经济的崛起极大地方便了居民的生活，提高了资源配置和使用的效率，深刻改变了居民的消费模式和习惯，也带动了新经济的快速发展。

二、线上销售导致消费模式的变化

随着线上销售的蓬勃发展，消费者的消费方式发生了巨大转变。具体而言，在线上和线下销售共存的情形下，出现了两种新型消费模式：展厅现象和网络体验（龚雅娴，2021）。

（一）展厅现象

当消费者去线下实体店挑选产品时，可以触摸和观察产品的质地、外观和性能，甚至可以试用某些产品，从而获得关于商品精确信息，因此很多消费者选择先去线下实体店获得产品信息，然后去网上购买产品，这一现象就被成为"展厅现象（Showrooming）"。首先，展厅现象的实证文献集中讨论了这一现象出现的原因，这些原因可概括为价格、服务质量、线上线下等待成本和信息搭便车。具体而言，线上购物的价格较低是展厅现象出现的重要动因（Gensler et al.，2017）。在服务质量方面，线上商店所提供的更好的服务和保障也会导致展厅现象出现（Sit et al.，2017）。其次，线下购物和线上购物都会产生等待成本，而线下购物的等待成本会导致消费者转而进行线上购物（Gensler et al.，2017）。最后，信息搭便车是展厅现象出现的重要原因，所谓信息搭便车是指消费者先从线下实体店通过触摸、试用并享受销售人员服务等方式获取有关产品的信息，然后去线上店以低价购买该产品（Arora et al.，2020）。此时，线上店的消费者其实是线下实体店的信息搭便车者。

（二）网络体验

有些消费者倾向于先从线上店搜索产品信息，然后去线下商店购买产品，这一消费模式被称为"网络体验（Webrooming）"模式。实证研究证实网络体验可以为消费者带来更高的满意度，减小购物后的后悔感，也有助于提高消费者的购买意愿（Flavián et al.，2016）。同时，在网络体验的消费行为中，网络可以帮助消费者节省搜寻产品信息的成本，去线下商店购物可以让消费者立即获得产品所带来的效用（Heitz-Spahn，2013）。另外，对网购的不信任和较高的网购风险会促使消费者最终在线下商店购物（Arora，Sahney，2019）。

研究证实，网络体验的存在使得线下商店可以提供产品准确信息的优势消失，因而会降低线下商店的利润；另外，当消费者从网络上获知产品并不符合自己需求时，消费者会选择不购买该产品，从而导致线上商店的需求下降，因而在某些条件下，会导致线上商店的利润下降（Jing，2018）。当消费者从其他渠道获得信息的搜寻成本较小时，企业只披露部分产品信息可以阻止消费者获取额外信息；降低消费者搜寻成本的政策是否会提升社会福利取决于搜寻成本的大小（Wang，2017）。

综上所述，线上和线下销售方式并存的情况下，消费者的消费行为更加多元，消费者可以充分利用线上和线下的各自优势搜寻产品价格、获取产品相关信息，以实现自身利益最大化。

三、电子口碑

口碑传播（Word of Mouth，WOM）被广泛认为是建立营销战略和传播的关键因素。互联网的发明和社交媒体的激增为传统口碑增添了新的电子维度，从而将其转化为电子口碑（Electronic Word of Mouth，eWOM）。

（一）电子口碑的内涵

1. 电子口碑的定义

Dichter（1966）将传统的口碑传播定义为非商业传播者之间的信息传递。互联网的发明通过引入电子渠道（媒介）引领口碑在技术层面得到新的发展。电子口碑是指潜在客户、实际客户或前客户对产品或公司做出的任何积极或消极的陈述，这些陈述通过互联网提供给许多人和机构（Hennig Thurau et al.，2004）。电子口碑可以不同的形式表达，如意见、在线评级、在线反馈、评论、评论和互联网上的经验分享，它利用在线交流渠道，如博客、网站、论坛、在线电子零售商和社交网站等。技术上的灵活性使得人们不仅可以使用文本信息，而且还可以使用丰富的多媒体（如图像、视频和视频）来表达电子口碑。在大多数情况下，电子口碑并不局限于地理边界，也不会随着时间的推移而消失。

2. 电子口碑的特点

极快的传播扩散速度与极大的传播范围。传统口碑传播速度较慢且仅能在小范围内传播。电子口碑拥有极快的传播扩散速度，能突破地理空间的限制，迅速传播到世界上任何拥有网络的地方。

口碑保存时间长且可视化程度很高。与传统口碑依靠面对面语言传播不同，电子口碑依靠互联网传播，信息在互联网中传播的边际成本接近零。互联网平台上存储了从最早到最近出现的所有电子口碑信息，用户可以不受限制地搜索、浏览平台上的所有时间段的电子口碑。消费者可以根据自身需要，通过微博、社交网络平台了解其他消费者的观点，阅读其他消费者发布的电子口碑评价，而且可以迅速与其他消费者建立直接联系并询问其对产品的评价。

口碑发布源匿名程度高且口碑质量参差不齐。互联网匿名化程度很高，因此消费者会通过一些标准评估信息发布员的可信度。例如，电子口碑信息发布源的声望会影响消费者对发布源的信任程度。发布源声望越高，消费者对其整体信任度越高。电子口碑信息展示出的专业性越高，消费者对其总体信任感更高。互联网匿名性程度较高，陌生的互联网用户间信任感较低。互联网用户缺乏较为直观的标准评估陌生人的可信度，也无法直接了解陌生用户发布电子口碑的动机。

有效激发消费者的在线参与度增加归属感。各类互联网平台尤其是社会化媒体平台为消费者提供了可以与多人同时在线交流的虚拟空间，消费者不仅可以在这些虚拟空间获得关于产品与服务的评价，更重要的是可以与其他消费者交流，满足社交需求。当消费者发布的电子口碑评价得到别的消费者的认可时，消费者能获得很大的心理满足。因此，发布电子口碑可以有效激发消费者的参与热情（侯天一 等，2020）。

（二）消费者创建电子口碑

电子口碑的创建主要依赖消费者通过一次性产品评论或长期参与（如长期参与在线社区和分享其他消费者或公司的内容）以短期方式贡献原创内容（Gong et al.，2017）。以往研究中确认了消费者参与电子口碑创建的主要动机，具体包括：对其他消费者或公司的利他主义；社区互动的社会价值；享乐利益，如个人享受和满足；印象管理和自我身份形成；平衡恢复、发泄和惩罚；经济激励（Rosario et al.，2020）。研究人员还确定了可能促使电子口碑创建的产品特征，例如与众不同的产品和利基产品、限量产品等，因为印象管理鼓励消费者发表代表高地位、独特的产品和体验的评价。

除了动机之外，消费者创建电子口碑还取决于他们访问互联网和发布评价的渠道和平台。4G 和 5G 网络的引入极大地扩大了这一机会：广泛使用 WiFi、降低连接成本以及智能手机的全球应用。因此，电子口碑变得更加即时（Berger 2014），消费者可以在整个决策过程中更直接地创建电子口碑。此外，电子口碑格式的扩散技术也扩大了消费者创建电子口碑的机会，文本、收视率、图像、视频、"喜欢"、标签和音频。每种格式都会对电子口碑的有效性及其说服力产生不同的影响（Schweidel，Moe，2014）。

最后，创造电子口碑取决于消费者获取创造电子口碑时所需资源（知识、专业知识、技能）的能力。要进行电子口碑创建，消费者必须熟悉该产品。尽管消费者之间创建离线口碑的能力可能差异不大，但日益复杂的技术环境导致消费者创建口碑的能力存在很大差异。例如，创建视频并将其发布到社交媒体上需要比点击星级评分更高的技能（Esingerich et al.，2015）。

（三）消费者评估电子口碑

这一阶段，消费者也会产生关于电子口碑的动机，这里的动机是指消费者准备、兴趣、愿望或处理电子口碑的意愿。先前的研究表明，接收者、发送者、消息特征和其他特征能影响消费者对电子口碑的评估和使用（Rosario et al.，2020）。

处理信息的动机是由电子口碑接收者的特征形成的，例如他们对人际影响的易感性、思考信息的内在欲望以及对独特性的心理需求（Wang et al.，2012）。再如在独特性需求上得分较高的消费者倾向于抵制多数人的影响，这使得他们不太容易受到某些电子口碑的影响。不确定性规避、个人主义和权力距离等文化特征也有助于解释消费者如何处理信息（Kübler et al.，2018）。

此外，参与度和电子口碑处理之间存在着密切的关系。随着参与度的增加，消费者更愿意了解口碑中的具体信息，消费者希望减少采购前评估工作，并倾向于将他人的意见作为决策启发（Risselada et al.，2018）。然而，当参与度较低时，消费者依赖外围线索，如发送者可信度、专业知识、可信度和个人相似性（Lee et al.，2008）。一般来说，来自可靠发送者的电子口碑更有价值和影响力。

消费者评估电子口碑的能力指的是他们的认知资源、技能或"在事先已知的情况下解释信息的熟练程度"（Peters et al,2013）。如果消费者对电子口碑的评估能力不足，则产生的信息处理将是肤浅或局部的，会导致说服力不足等（Kuo, Nakhata, 2019）。研究还发现，随着电子口碑的扩散，消费者会根据某些特征过滤信息，因为他们无法一次评估所有信息（Risselada et al.，2018）。例如，按有用性对评论进行排序可以简化消费者的评估。

第四节 直播购物情境下的消费心理

随着互联网技术的进步、全民直播时代到来，网络直播购物已经成为电商平台新的经济增长点。2016年，淘宝首次开启网络购物直播带货功能，网络购物直播模式也逐渐进入受众的视野。

一、直播购物及其特征

网络直播带货是指借助直播平台，以实时视频的方式向消费者推荐商品、答复咨询，进而完成购买的一种新型购物模式（唐绪军 等，2020）。网络直播购物与传统的网络搜索式购物不一样，它是由网络直播平台、网络购物主播、网络直播商品和网络受众四个要素共同构成的，这是一种新兴的线上销售和电子商务形态。网络直播购物的受众面相对更加广泛,购物主播与网络受众的互动更加频繁与密切,更加能够让人身临其境,获得与现场购物相似的即视感与体验感,因而网络直播购物模式深受消费者的喜爱(曾丽红,黄蝶,2021)。

网络直播具有可视性、互动性、真实性和娱乐性等特征。

(一) 可视性

可视性指消费者在与主播互动过程中信息的可视化程度,强调的是视觉上的通达性,网络活动可视性包括交互性、沉浸感和构想性等(魏华 等,2021)。直播带货利用文字、声音和图像等多种方式传递信息,从多个感官对消费者予以刺激,增强消费者沉浸感。5G应用于媒体行业使超高清的视频直播成为可能,直播的画质更清晰,细节展示也更真实。根据心流体验理论,当消费者被眼前事物吸引时会忽略其他信息,提升消费者感知价值,可视性对消费者的认知形成有重要的影响(喻昕 等,2017)。直播多以现场试用的方式向消费者展示使用效果,经过主播的试用,消费者可直观地了解商品的使用效果,增强对商品的感受。相较于传统的平面网页购物,直播能为消费者带来立体的视觉体验以及细节展示,提升消费者的信任感。直播作为一种"边看边买"的销售模式,为消费者营造一种接近实体店的购物感受,通过主播的试用、测评,消费者以高清动态的效果观看到商品的使用价值,视觉吸引力可以显著提升消费者的评价(张宝生 等,2021)。

(二) 互动性

互动性也可称为实时交互性,指消费者可以与信息源进行沟通反馈交换信息,强调的是信息的双向传播。互动性已成为网红经济中企业营销考虑的重要因素(刘凤军 等,2021)。在网络直播过程中,消费者在接受主播的信息之外还能以弹幕的方式向主播或者其他消费者提问,将自己的购买体验分享给其他消费者,营造大家一起看直播的氛围,受参与性文化的影响产生购买行为(刘忠宇 等,2020)。直播虽然营造了一种开放式的场景化购物方式,但主播在选择互动对象时会倾向于涉及产品信息的用户,以此对产品做更深入的介绍(申静 等,2019)。主播与消费者的互动可以提供给消费者一种反馈的心理暗示,增强消费者的信任(陈迎欣 等,2021)。直播中主播会根据消费者的喜好,实时对商品讲解内容的侧重点进行调整,在与主播互动中,消费者不自觉地与主播建立情感纽带。此外,高度互动性会对消费者的认知和情感产生影响,通过直播进行互动,让互动双方了解对方的特点,感知到对方的存在以及自身在互动中的主体感,增加消费者对主播的熟悉度进而增进信任。

(三) 真实性

真实性指个体对所接触信息内容真实程度的评价。在网页购物模式下，图片存在过度美化、镜头切换或图片处理的风险。直播带货弥补了传统网络购物的不足，商品完全呈现在画面中，整体还原度比较高，增强消费者的临场感，拉近与消费者的距离（杨刚 等，2018）。社会化媒体用户的真实性会对用户间的关系产生影响，进而影响产品的口碑，当一个真实可靠的品牌形象深入人心时，用户就会较容易感知品牌的真实性（李梦吟，王成慧，2019）。现场直播中主播的一言一行皆会通过镜头完整、实时传播给观众，增加了直播的真实感。在直播日益常态化的今天，电商直播成为一条大众化的销售之路，主播多为普通人，相较于网红或明星更接地气，消费者在观看直播过程中更容易产生亲切感，更愿意相信主播。

(四) 娱乐性

娱乐性是指消费者在观看直播过程中感受到的愉悦程度，以满足消费者的愉悦心理为目的。观众倾向于利用媒体来缓解压力进行娱乐，消费者参与消费的目的在很大程度上是个人放松解压（王晰巍 等，2020）。根据心流体验理论，当观众沉浸于直播并从中感受到愉悦，消费者在注意力高度集中时更容易忽略周围事物而容易形成冲动性消费（Rook，Fisher，1995）。在这样的心理影响下，消费者与主播建立一种伙伴关系，消费者表现出对主播的信任。主播利用幽默的语言吸引观众，甚至在直播间邀请明星助阵，提升消费者对品牌的关注，树立消费者对品牌的正面印象。直播在一定程度上为消费者提供了一个情感宣泄的出口。在有些主播的直播中经常唠家常、讲故事般分享自己的生活，观众找到了精神寄托，找到了一群志同道合的人一同倾诉。直播的娱乐性会使潜在消费者产生对品牌的好感，促使其增强购买意愿（张宝生 等，2021）。

二、直播电商的本质

直播电商是电商与直播的结合，是电视购物与电子商务在新媒介技术下演变融合的结果。从零售组织形式来看，所有零售模式均是围绕"人（Consumer）、货（Goods）、场（Shop）"核心要素进行组织的过程；从零售系统塑造目标来看，一切模式均离不开"成本（Cost）、效率（Efficiency）、体验（Experience）"的优化追求。由此，零售模式的变革实质上是基于"人、货、场"（CGS）核心要素变革追求"成本、效率、体验（CEE）"优化的结果。基于CGS-CEE分析范式，对直播电商与传统电商和电视购物之间进行了对比分析（如表6-1所示）。

表 6-1 直播电商、传统电商、电视购物 CGS-CEE 对比

类别	核心要素：人、货、场	系统目标：成本、效率、体验
传统电商	消费者自我搜索、自我服务，评价数据是消费决策的重要参考；缩减多级流通渠道，满足多样化以及长尾需求；产品以图片化展示为主，依托搜索功能平台产品几乎可以实现无限制展示，规模效应明显	成本优势明显，行业具有较强的规模经济特性；突破传统时空限制，履约效率高，对物流效率的依赖性强；节省消费者购物成本，满足多样化、个性化需求，但购物无临场感，场景化、即时性体验不足
电视购物	单向通道和固定时点播放，消费者被动服务明显；货的种类相对较少，供应方与平台方在货物定价权等方面存在不对等；依托视频进行展示，明星效应、话术套路以及现场折扣等架设冲动消费的场景	平台成本相对较高，冲动消费效应促升销量的同时也会加大退货成本；供应链效率相对不足，但具有一定的广告宣传和品牌塑造效应；具有一定的消磨时光和娱乐效应，平台及时限约束性较强，消费群体较小
直播电商	沉浸式购物，消费者参与感、主动性强；货的种类相对较少，主打品类明显，但随着行业的进化品类不断扩充；前台与后台、虚拟与现实相统一的场景化效应，架设"货找人"的消费场景	流量成本优势明显，依托头部主播的流量优势可以压低商品价格；缩短购买链路，兼具"种草效应"，有效促进客对商、消费直连制造商的进化；直播电商模式早期供应链短板效应明显；架设购物与情感相融合的场景

资料来源：王宝义（2021）。

（一）"人、货、场"核心要素分析

第一，"人"是直播电商要素组织的核心。直播电商"以人为中心"的特征十分明显，对人的组织包含主播和消费者两层含义，前者是纽带，后者是导向。从主播来看，主播相当于线下导购的线上化，是链接消费者与货的基础，主播形象化展示和生动化讲解商品，辅之提问互动，营造强陪伴性、强互动性、高客户黏性的链接机制，由此兼具传统电商和电商购物的优点使得链接更有效率。同时，明星主播效应、总裁及官员身份效应等不仅能为产品质量背书，还能起到产品品牌塑造和宣传效应，总体上有效融合消费者的娱乐社交诉求。从消费者来看，直播电商的全方位商品展示辅之即时互动，可有效解决信息不对称问题，直播间选品优化不仅降低了消费者的搜索成本，还能持续迭代有效反馈和满足消费诉求，同时沉浸式购物场景的营造可有效满足消费者对购物、社交、娱乐的多维需求。

第二，"货"是直播电商要素组织的基础。直播电商在货物的选品和供应链路上较之于传统电商和电视购物具有独特的优势。从货物选品来看，一方面，虽然直播电商的货物品类受到一定限制，但随着行业不断进化，其品类扩展的潜力巨大，尤

其直播链接电商平台甚至可以实现平台商家和商品的全面直播化，由此与既有电商平台货品高效协同；另一方面，私域流量和粉丝效应能有效促进定制化选品，凸显会员服务价值。从供应链路来看，产地直播、厂商直播等有效打通消费者与供应端链路，不但缩减流通成本，而且助力需求主导供应链，实现供需精准高效匹配，促使供应链和产业链向C2B、C2M链路进阶。

第三，"场"是直播电商要素组织的关键。直播电商在场的线上、线下协同、场景化等方面体现出较之于传统电商和电视购物的独特优势。从场的线上、线下协同来看，一方面，直播电商是线下场在线上的形象化展示，线下场为线上提供基础场景要素，而线上直播展示则能够弥补线下的时间和空间限制，为线下起到导流和拓展作用，如实体店铺直播有效协同线上、线下元素，产地直播则赋予产地零售场的作用；另一方面，"新零售"赋予线上、线下协同的运营逻辑，直播电商线上、线下场景设计虽然不同于"新零售"线上、线下的逻辑，却拓展了"新零售"线上、线下协同的逻辑从而助力"新零售"的发展，进而赋能本地生活链接。从场景化来看，直播电商兼具电视购物和实体零售场景的双重优势，使得虚拟与实体有效结合，将情感元素有效融入购物场，使其成为消费者能够感知到温度的场。

总体来看，"人、货、场"三要素是不可分割的组成部分，直播电商以消费者为中心、以主播为纽带、以货为基础，构建起精准挖掘消费诉求的"货到人"场景，驱动高效精准供需匹配链路的形成。

(二)"成本、效率、体验"零售本质分析

一般而言，立足于零售本质分析"成本、效率、体验"，其中成本和效率主要针对商家，体验主要针对消费者。直播电商在"成本、效率、体验"上的独特优势不但体现在商业属性上，而且也较为明显地体现在社会属性上，为此基于多方面视角对其进行分析。

从成本优势来看，一方面，直播电商大大缩减了获客成本，有效弥补互联网红利渐趋消失下传统电商获客成本越来越高的劣势，同时场景设计和"货到人"链路大大降低消费者决策成本；另一方面，头部主播效应和流量优势增强直播电商在供应链的主导权，能够提供更高性价比的商品，同时流通渠道的缩减、定制化的供需匹配，大大缩减流通成本和社会成本。

从效率优势来看，一方面，缘于主播的明星效应、直播的场景化效应等，消费者转化效率更高，消费黏性更强，同时流通链路的缩减也大大提升了供应链、产业链效率；另一方面，直播电商"货到人"链路大大提高了消费者购买效率，同时不仅有助于提升消费者碎片化时间效率,而且多维诉求场景满足使其具备基础设施的特征和功能,随着直播电商向"新零售"、本地生活的进一步拓展,其商业基础设施的作用还将进一步显现。

从体验优势来看,明星直播、产地直播效应等营造沉浸式购物场景,满足消费者情感诉求,购物和娱乐、社交相结合实现低层次需求与高层次需求的有效融合,总体上满足消费者购物、娱乐、社交多维一体需求。总体来说,从商家、消费者乃至社会视角来看,直播电商对降低成本、提高效率、增强体验都体现出较强的优化效应。结合 CGS-CEE 分析范式,概括来讲,直播电商围绕"人、货、场"核心要素重构,优化"成本、效率、体验",其本质在于在技术赋能和消费升级背景下,融购物需求与情感需求于一体,建构"货到人"沉浸式商业场景,满足消费者购物、娱乐、社交的多维一体需求。

三、直播购物与消费行为

从行为逻辑来看,直播电商实质上是以触发消费者购买为目标进行场景构建,同时结合了社交电商与实时媒体两种属性,为消费者带来与传统电子商务和社交电商不同的购物体验。目前,相关文献主要从消费者的信息处理、临场感知和直播场景架设三个方面来研究直播购物中消费者的行为和决策逻辑。

(一)信息处理

电商直播通过其区别于传统电子商务的信息呈现形式和多主体参与方式,为观众传递了复杂的产品信息及环境线索。商家希望通过直播间呈现的信息影响消费者的态度,说服消费者参与直播并购买商品。由此,理解观众如何在全新的直播商务环境中处理各类信息,探讨这些信息对观众直播购物行为的影响是至关重要的(李琪 等,2021)。

详尽可能性模型(Elaboration Likelihood Model,ELM)经常被用来研究社交商务情境中信息接收者的信息处理过程,及其态度和行为变化(Petty et al.,1981)。该模型认为,个体态度的改变可能是由两种路径引起的,即中心路径和边缘路径。中心路径因子与信息的内容相关。通过中心路径处理信息的个体,倾向于深入思考信息中的相关论点,做出分析和判断;而通过边缘路径处理信息的个体,较少关注信息本身的质量,而是严重依赖信息来源可信度及信息的环境特征,来判断目标可信度。

1. 中心线索

ELM 最具代表性的中心线索是信息质量,包括信息的完整性、准确性和及时性等,反映了信息的可靠性和论证的说服力(Bhattacherjee,Sanford,2006)。信息质量所表示的信息为直播内容提供的产品相关信息,包括主播对产品的介绍、展示,以及观众通过弹幕等功能获取的产品相关信息。当直播内容提供了完整的(产品的细节展示、经验分享、促销信息等)、准确的(清晰地展示产品真实状态等)和及时的(及时与观众互动,并为其提供最新的、反映当下流行趋势的产品信息)产品信息时,观众可能会认为直播内容具有较高的信息质量。

2. 边缘线索

信源可信度。信源可信度是指信息接收者认为信息源是可信的、有能力的和值得信任的程度(Sussman,Siegal,2003)。电商直播情境中,主播是观众获得产品信息的主要来源,也是电商直播区别于其他电子商务形式的主要特点之一。电商主播通常是网络红人、关键意见领袖,或者是一个品牌或产品的代表,因此对主播可信度的判断标准与名人代言类似。即电商直播平台中的主播可信度具体指消费者认为主播是可信的、有能力的和值得信任的程度。

直播观众卷入度。直播观众卷入度的概念来自成员卷入度。成员卷入度代表现有成员感知其他成员参与互动的程度(Van et al.,2007)。在电商直播情境中,观众参与对营造热烈的直播氛围至关重要,有利于用户产生温暖和谐的群体关系感知(Tsai,Pai,2013),以及对直播的积极态度。电商直播情境中,其他观众的参与行为在一定程度上反映了他们对直播内容的认知和态度,为消费者提供了评估产品的启发式线索,因此直播观众卷入度也是一个关键的边缘线索,代表观众感知现有的共同观看者参与直播互动的程度。

(二)临场感知理论

社会临场感(Social Presence)指的是在沟通过程中感受到他人存在的程度,即使用者是否能对沟通媒介产生一种在人际互动中的亲密感或直接感受(Short et al.,1976)。社会临场感在网络购物环境中扮演着重要的角色,尤其是当消费者和商家之间缺乏面对面的互动时。以往研究表明,不同媒介会造成不同的临场感,但单纯的网络购物中通常以计算机为中介传播,无法传达触觉、眼神关心等非语言人际线索,容易让人感觉较低的临场感(孟陆 等,2021)。

而随着直播营销形式的出现,消费者在直播营销情境下的社会临场感体验与传统页面下的社会临场感体验产生了一定的变化,主要体现在以下三方面(谢莹 等,2021)。第一,直播营销的社会临场感不再与"私人的感觉"相紧密联系。在以往简单网页环境的社会临场感体验中消费者关注的是页面及提示的个体针对性,越趋近于私人定制的互动内容和语言越能为消费者带来高的社会临场感。而直播营销情境下,消费者与成百上千,甚至数以万计的消费者共同观看直播,复杂的信息源环境使消费者的临场感体验不再强调私人的、一对一的感觉。第二,直播营销的社会临场感在沟通层面十分强调交流的及时性和顺畅性。随着技术的进步,直播营销形式的产生,消费者产生社会临场感的体验渠道不断丰富,试听信息愈加多样。因此,在直播营销情境中消费者不仅要与他人有所交流,更需要强调与他人的实时和顺畅互动才能更好提升社会临场感。第三,直播营销的社会临场感在情感层面与情绪的感染相关联。以往的网页交流形式单一和交流对象单一的特点难以使体验者产生情绪上的传递与调节。而随着直播营销环境的改变,消费者不断接收到直播间人数变化、文字评论、点赞、赠礼等丰富多样的环境刺激,使消费者具备感受到他人情绪的条件同时可能因之诱发与他人情绪相匹配的情绪体验。

(三)直播电商场景架构

互联网时代的商业运营展现"人、货、场"场景化运营的新思维,本质上以人为中心、以货为基础、以场为依托架设"货到人"沉浸式购物的场景逻辑(王宝义,2021)。直播电商时景架设特征明显,从框架来看,直播电商架设主播私人场景、生产溯源场景、购物临时场景三种场景框架(周丽,范建华,2021);从直播流程来看,直播电商不仅在直播过程中架设融有形与无形、线上与线下、物理属性与社会属性于一体的场景,而且在直播前架设直播预热场景逻辑,在直播后架设直播拓展场景逻辑,总体上形成直播前、直播中、直播后商业闭环场景逻辑。

从直播过程来看,在空间布局、主播影响、互动策略等方面直播电商都凸显强场景设计逻辑。第一,在空间布局上,通过专业直播间场景设计、线下实体店与线上一体场景设计,或直接深入产业带、农业基地等产业链场景,营造消费者身临其境的购物场景。第二,在主播场景逻辑上,挖掘粉丝效应,最大化主播影响力。主播是链接货与人的关键,主播影响力是场景设计的重要导向。在直播场景设计中,充分挖掘网红主播、明星主播、企业家主播、官员主播等的粉丝效应,甚至通过"主播×明星"等策略最大化主播带货能力。

从主播策略来看,一方面,利用话术声情并茂讲解商品内容,甚至拓展情感要素,营造情怀消费场景;另一方面,利用消息弹幕、打赏动效、红包和优惠券发放、秒杀和拼团等,营造冲动消费场景,同时在互动中挖掘顾客的群体影响,如对弹幕问题进行选择性回答,策略优化直播间氛围等。同时,在直播过程中,通过全方位讲解与互动营造信息透明场景,通过一键下单架设便利购物场景,通过多层级货品架设多层次客群匹配场景等,降低消费成本提升决策能力,激发消费动机,触发消费行为。

第五节 人工智能与消费满意度

中国国务院发布的《新一代人工智能发展规划》指出,到2030年,中国的人工智能理论、技术与应用总体将达到世界领先水平,成为世界主要人工智能创新中心,智能经济、智能社会取得明显成效。近年来,随着技术和数字化的快速发展,人工智能技术在客户服务领域得到了广泛应用,如电子商务、保险、金融咨询和电信领域等。在本节,我们将简要介绍人工智能的发展概况,阐述影响消费者使用人工智能技术的因素,并重点分析智能客服对消费者满意度的影响。

一、人工智能发展概况

(一)人工智能的定义

人工智能(Artificial Intelligence,AI)这一术语是由计算机专家约翰·麦卡锡于1956年达特茅斯学院举办的一次学术会议上提出的,该会议也被人们看作是人工智能正式诞生的标志。目前,国内外学者对人工智能的定义尚未统一。一般而言,人工智能是与人类和动物的"自然智能"相对的、用人工的方法让机器或计算机对人的智能进行模拟、延伸和扩展的智能。从能力角度看,理想情况下的人工智能应当具备知觉、推理、学习、交流、适应复杂环境和解决各种实际问题的能力。从学科角度看,人工智能是计算机科学领域中研究、设计和应用智能机器的重要分支,是当前科学技术发展中的一门代表性前沿学科。

(二)人工智能的类型

服务可以由人或机器提供,而根据服务的性质,需要不同的智能。以往研究通过智能在AI中的发展历史顺序区分了四种智能(如图6-3所示):机械智能、分析智能、直觉智能和移情智能(Huang,Rust,2018)。

1. 机械智能

机械智能(Mechanical Intelligence)是自动执行常规重复任务的能力。对于人类来说,机械过程不需要太多的创造力,因为这些过程已经执行了很多次,因此几乎不需要或不需要额外的思考就可以完成。为了模仿人类的自动化,机械人工智能被设计为具有有限的学习和适应能力来保持一致性。机器人是一种典型的应用。服务机器人是"能够执行物理任务、无须指令即可自主操作、由计算机指挥而无需人帮助的技术"（Colby et al.，2016）。它们基于规则，依靠先验知识和连续的传感器感知来观察和响应服务环境中的物理和时间变化，而他们不了解环境，不能自动适应。与人类相比，机械人工智能具有极端一致性的相对优势（例如机器人永不疲劳，并能以非常可靠的方式响应环境）。任务的重复性，没有太多变化，使得随着时间的推移其学习的价值也有限，仅依靠观察来重复行动和反应。

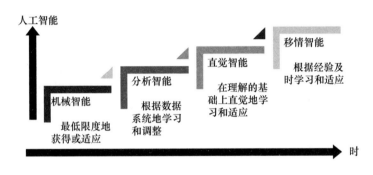

图 6-3　四种智能

资料来源：Huang, Rust（2018）。

2. 分析智能

分析智能（Analytical Intelligence）是处理信息以解决问题并从中学习的能力（Sternberg，2005）。这是关于信息处理、逻辑推理和数学技能的。这些困难的技能是从认知思维的训练、专业知识和专业化中获得的，例如与计算机和技术相关的工人、数据科学家、数学家、会计师、金融分析师、汽车服务技术人员和工程师都大量使用分析技能。机器学习和数据分析是主要的分析智能应用。在人工智能文献中，分析人工智能被认为是"弱人工智能"，因为尽管此类人工智能应用程序可能表现出看似智能的行为，但它们无法轻松模拟直觉。一个普遍的观点是，这种限制的出现是因为这种机器没有意识状态，没有思维，也没有主观意识（Azarian，2016）。执行复杂、系统、一致和可预测的任务需要这种智能，例如对于那些数据和信息密集型的企业，分析智能就非常适用于基于客户大数据的大规模个性化处理。基于大数据，这类人工智能从服务机器人等独立机器进一步转变为产生集体智能的网络机器。这被认为是迄今为止人工智能给服务业带来的最深刻的广泛变化——能够处理和合成大量数据并从中学习的机器。

3. 直觉智能

直觉智能（Intuitive Intelligence）是一种创造性思维和有效适应新情况的能力。

它可以被认为是基于整体和基于经验的思维的智慧（Sternberg，2005）。直觉智能包括需要洞察力和创造性解决问题的刻苦思考的专业技能。例如营销经理、管理顾问、律师、医生、销售经理和高级旅行社都大量使用直觉智能。人工智能文献将直觉智能视为"强人工智能"，因为人工智能的功能设计更灵活，更像人类。人工智能的建立是为了模拟人类认知的广泛范围，这样机器智能可能被认为与人类智能没有什么不同（Kurzweil，2005）。复杂、创造性、混乱、整体性、体验性和情境性的任务更需要直觉智能，任务的复杂而特殊的性质使得他们依靠直觉成功地提供服务。例如，客户关系有助于随着时间的推移更好地了解客户的特殊需求，复杂和个性化的旅行服务安排、豪华食品供应、娱乐和体育就是一些需要直觉才能提供更好服务的例子。

4. 移情智能

移情智能（Empathetic Intelligence）是识别和理解他人情绪、做出适当情绪反应并影响他人情绪的能力，包括人际关系、社交和人际交往技能（Goleman，1996）。关于人工智能是否能和人类有同样的感觉存在争议，在哲学和心理学文献中，情绪被认为是一种生物反应和主观经验，不容易分解为二进制计算元素和过程。因此，按照这种思维方式，很难想象机器是如何被编程来体验人类的情感的。或者，在人工智能文献中，情感与认知没有什么不同，只要有足够的编程技能，情感也可以被类似地编程，就像推理和认知能力一样。移情人工智能是人工智能中最先进的一代，目前用于服务的应用仍然很少。移情任务是高接触服务，需要更高水平的社会存在（Giebelhausen et al.，2014），这些任务包括社交、情感、交流、互动和关系。情感劳动无论是真实的，还是模拟的，都起着关键作用。情感劳动是对情感和表达的管理，以满足工作的情感要求（如图 6-3 所示）。员工在与客户互动时，无论是表面上，还是内心深处，都应表现出适当的情绪（Yoo，Arnold，2016）。

二、影响消费者使用人工智能的因素

（一）个体差异

根据埃弗雷特·罗杰斯提出的创新扩散理论（Diffusion of Innovations），新产品或新技术的采用是一个渐进的过程。在扩散早期，使用者很少，扩散速度也很慢；当使用者比例扩大到总人数的 10%～25% 时，扩散进展会突然加快；高峰期过后，扩散速度会逐渐回落。对于广大消费者而言，人工智能作为一项新技术目前仍处于扩散的早期或中早期阶段。因此，当前使用人工智能的消费者多是创新者或早期采用者，在个人特质上，他们乐于尝试新鲜事物，更具创新精神。在用户画像上，这类消费者可能年纪较轻，思想较为开放，拥有较高的文化教育水平。在消费习惯上，这类消费者可能热衷于追求新产品，多样化和独特性寻求倾向较高。

从另一个角度来看，创新扩散包括五个阶段，分别是知晓（Knowledge）、说服（Persuasion）、决策（Decision）、实施（Implementation）和确认（Confirmation）。其中，知晓是消费者使用人工智能的先决条件，只有当消费者拥有了解或接触人工智能的条件时，才有可能经历后续阶段。因此，消费者的所处环境也会对人工智能的使用形成影响。例如，经济发达地区的人工智能应用更广，消费者接触后的使用机会也更多。此外，消费者在决策阶段还会受到他人的影响，当身边的亲朋好友都使用过人工智能时，消费者尝试使用人工智能的可能性也更高。

（二）使用体验

对消费者而言，现有人工智能主要集中在消费服务场景中，例如人工智能客服、智能服务机器人，智能推荐等。虽然人工智能的发展日新月异，但就目前来看，人工智能在短期内仍然无法达到与人类相同的智能水平。因此，人工智能与传统人工服务在使用体验上有一定的差异。

服务质量有五个衡量维度，分别是有形性、可靠性、响应性、安全性和移情性。相比于传统人工服务，人工智能最大的优势在于其响应性，消费者在极短时间内就可获得相对应的服务。因此，对于追求时间效率的消费者而言，人工智能较高的响应性会增加其使用人工智能的意愿。另外，人工智能最大的劣势在于其移情性，在现有技术条件下，人工智能很难做到像人一样设身处地为消费者着想，在脱离设定内容时，人工智能甚至难以与人顺畅交流。因此，对于有较高的人际接触需求、希望能获得定制化服务的消费者而言，人工智能的使用体验较差，会降低其使用人工智能的意愿。此外，由于人工智能的智能水平与人相比还有较大差距，很多消费者会对人工智能服务的可靠性产生疑问。在这一情况下，一些消费者会根据产品或服务的类型进行是否使用人工智能的选择，例如对于异质性较低的产品或服务，消费者使用人工智能的意愿较高；但当异质性较高时，消费者使用人工智能的意愿会明显下降。

（三）隐私担忧

为了提高人工智能的表现，除了开发更高效的算法外，另一个关键步骤是收集海量的数据对人工智能进行训练。如果没有高质量的数据支撑，人工智能就难以识别消费者的行为模式，无法进行有效的预测，消费者就难以获得精准高效的人工智能服务。因此，人工智能的开发方往往会利用多种方式进行数据收集，其中，从第三方获取是一种常见的方式。然而，目前隐私保护的法律法规还不够完善，为了获得更大的商业利益，第三方公司在收集数据时往往会侵犯个人的隐私权，例如未经消费者许可而私自收集个人隐私信息、随意打包售卖个人隐私信息和忽略个人隐私信息存储安全等，该类行为的泛滥使得一部分消费者对人工智能产生了抵触情绪。

另外，人工智能的使用也有一定的隐私泄露风险。为了提供更高效的服务，人工智能往往需要对使用者进行全面的信息收集，例如借助物联网、大数据等技术勾勒出用户画像，了解并推测消费者的喜好。因此，除了基本的个人信息外，人工智能会挖掘出消费者更深层的隐私信息。此外，智能家居等智能设备的兴起，使得人工智能可以及时地获取消费者的隐私、监控消费者的一举一动。基于上述因素，有较高隐私担忧的消费者会尽量避免使用人工智能，或选择性地在使用过程中提供虚假用户信息。

三、智能客服与满意度

近年来，随着技术和数字化的快速发展，人工智能已渗透到更广泛的领域，特别是服务行业，以提高业务运营效率和客户体验。人工智能表现为机器、计算机或机器人的智能性能和行为，用于帮助人类和企业。换句话说，人工智能是服务提供商提供的服务的一部分，通过影响客户体验来产生客户的积极态度（满意度）和行为（购买和忠诚度）。

（一）智能客服与人工客服

智能客服（Intelligent Consumer Service）具体指代一类技术支持系统，用于使用从数字、自然语言或物理来源收集的数据评估实时服务场景，以便为客户的查询或问题提供个性化建议、替代方案和解决方案（Xu et al.，2020）。智能客服是人工智能技术应用于客户服务方面类似概念的总称，以往研究中也常用聊天机器人（Chatbot）、虚拟代理（Virtual Agents）和会话代理（Conversational Agents）等（Ashfaq et al.，2020）。会话主体可以是具体的（如零售店中的零售机器人），也可以是脱离实体的虚拟程序。

下面将从微观、中观和宏观层面（如表6-2所示）具体分析一线服务中，人类客服和智能客服之间的主要差异（Wirtz et al.，2018）。

表 6-2　一线人工客服与智能客服的比较

维度	人工客服	智能客服
微观：客户体验	• 异质输出 • 定制和个性化取决于员工的技能和努力 • 非预期的偏见 • 有真正的情感 • 可以参与深度表演 • 能够进行开创性思考和创造性问题解决 • 良好的专业服务能力	• 同质输出 • 定制和个性化可以以一致的质量和性能大规模提供 • 可能没有偏见 • 能模仿情感 • 可以参与表面表演 • 有限的创造性思维，有规则的限制 擅长下属服务角色
中观：市场水平	• 服务型员工可以成为竞争优势的来源 • 高增量成本 • 低规模经济和范围经济 • 服务的差异化可以基于更好地雇用、选择、培训、激励和组织服务员工	• 智能客服不太可能成为竞争优势的来源 • 低增量成本 • 规模和范围的高度经济性 • 规模经济和范围经济以及相关的网络和服务平台效应将成为竞争优势的重要来源
宏观：社会水平	• 如果由服务员工提供重要服务，则其成本高昂且稀缺（如医疗保健） • 许多服务业员工从事不吸引人的工作（如呼叫中心代理和收银员）	• 机器人交付服务的成本节约将被竞争淘汰，从而导致更低的价格、更高的消费和更高的生活水平 • 平淡无奇、毫无吸引力的服务工作可以由机器人完成

资料来源：Wirtz 等（2018）。

1. 微观层面：客户体验

智能客服不会随时间和智能客服本身的变化而表现出异质性。因此，智能客服将在整个服务交付系统中表现相同，能够提供高度可预测和同质的服务交互和解决方案。智能客服没有人为错误和疲劳，并以高度可靠的方式响应其服务环境（Huang，Rust，2018）。由于智能客服能够连接到客户关系管理系统并能够识别客户，因此它们也可以大规模提供定制服务，但由于技术限制等原因，智能客服不太可能以真正的情感自我决定。因此，智能客服将无法感受和表达真实的情感，仅能简单模仿情绪反应的表达。

为了更好地了解服务员工和智能客服的优势，我们在专业服务角色（Professional Service Roles，PSR）和从属服务角色（Subordinate Service Roles，SSR）之间进行了区分。情感社交能力对 PSR 非常重要，复杂的认知任务常与情感和社会任务相结合，这些任务通常涉及高度的灵活性、开创性的思维和创造性的问题解决方案。智能客服只能在规定的范围内灵活，开创性思维目前似乎无法实现。此外，智能客服虽然可以通过优化底层数据结构来做出"最优"决策，但他们通常无法在事后解释为什么这个解决方案是最优的。因此，在智能客服能够表达真实的情感感受和反应之前，这些服务似乎不可能完全由智能客服提供（Rafaeli et al.，2017）。

在 SSR 中，员工的薪酬通常较低，受教育程度较低，接受的培训较少，决策自由裁量权和授权较少，参与度较低，且往往缺乏动力（Wirtz，Jerger，2017）。这类职位的员工往往只从事表面表演。在这样的岗位上，与员工相比，智能客服可以提供更好的服务，事实上，智能客服甚至可以更好地展示表面的情感。也就是说，智能客服在日常服务中的表现可能会超过人，因为他们具有一贯愉快的表面行为，不受情绪、健康或成见偏见的影响。因此，对于低水平、低报酬的 SSR，智能客服可能成为一线服务提供的首选方法。

2. 中观层面：市场水平

在人员密集型服务行业，员工通常被视为组织最重要的资产，其竞争优势是通过精心招聘、培训和激励员工而建立的（Wirtz，Jerger，2017）。事实上，甚至有人认为，服务组织中的高绩效人力资产比任何其他公司资源都更难复制，因此其往往是组织可持续竞争优势的重要来源（Wirtz，Lovelock，2016）。然而，一线员工的可扩展性不强，每增加一名员工都会增加大量成本。相比之下，智能客服提供的服务可能会显示出巨大的规模经济和范围经济，智能客服的成本是递增的，但它们只占新增人员的一小部分。从中长期来看，智能客服有可能成为竞争优势的关键来源。因为一线员工作为竞争优势来源的重要性降低以及智能客服提供服务的经济性意味着规模经济和范围经济以及相关的网络和平台效应的凸显，这很可能成为竞争优势的重要来源。

3. 宏观层面：社会水平

在市场经济中，将服务交付从一线员工转移到智能客服的成本节约可以被认为在很大程度上具有竞争力的，能够导致价格降低、消费增加和生活水平提高。智能客服提供的服务有可能极大地提高目前昂贵且稀缺的服务的质量和可用性，这些服务对社会福利越来越重要，包括医疗、教育和公共交通等。

（二）满意度

当顾客发现产品或服务满足或超过了他们的积极期望时，顾客满意就产生了。相反，当顾客感知到的产品或服务绩效低于他们的期望时，就会发生顾客不满意。

服务失误是顾客不满意的主要原因，它有许多可能导致服务失败的情况。

对于人工客服而言，如果想要和消费者产生积极互动，他们就必须做到礼貌、乐于助人、值得信赖（Dabholkar，1996）。在日常消费中，消费者倾向于咨询销售人员以节省时间、获得建议、感受价值、享受互动、简化购买程序。然而，人工智能技术的发展使企业能够利用智能设备和程序与消费者进行随意的互动，从而建立和加强客户关系并提供信息（Kim，Ko，2010）。因此，消费者与虚拟服务代理的互动类似于他们与现实世界中的人类代理的互动，以影响购买决策、节省时间、收集建议或获得社会利益（Holzwarth et al.，2006）。

在传统的服务过程中，人工客服的倦怠态度会对顾客满意度产生负面影响。相比于人工客服，智能客服不会随时间而表现出异质性，在整个服务交付系统中表现一致，能够提供高度可预测和同质的服务交互和解决方案。因此，智能客服不会出现人为错误和疲劳，并能以高度可靠的方式响应其服务环境（Wirtz et al.，2018），在商业客户服务领域具有效率高、成本低等优势。

尽管智能客服的优势突出，但它们往往达不到消费者的期望，很多时候还需要有人工客服的介入。因为，智能客服多依赖用户的口头交流，而个体交流通常以高情感、风险感知、个性化、长时间或亲密互动为特征（Patterson，2016），因此智能客服有时无法准确理解用户输入，特别是当面对复杂性任务时，常导致互动失败等后果。此外，由于服务性质的差异（例如婚丧、医疗等），相比于人工客服，智能客服可能无法展示相应的积极或消极情绪以满足对客户的理解和同理心需求，而未能传达共情和关怀的智能客户服务会降低个体满意度（Webster，Sundaram，2009）。因此，尽管使用智能客服能够普遍提高效率，但服务的结果可能并不理想。普遍意义上，人工客服更有助于用户节省时间、获得建议、感受价值、享受互动、简化购买程序等，用户在与人类互动时，也会呈现出比对智能客服更开放、更认真、更外向、更随和、更能自我披露的特征（Mou，Xu，2017）。

（三）智能客服的拟人化

拟人化是指将人类的形态、特征或行为归因于非人类的主体，例如机器人、计算机、动物以及一些技术设备（Chi et al.，2020）。拟人包括广泛的特征，从外表到人类特有的不同心理状态，例如参与推理、做出道德判断、形成意图和体验情感等；非人类实体的拟人化也可以被视为拟人化的隐喻表达（Pelau et al.，2021）。拟人化能够导致对代理的经验感知增加，因此更容易与拟人化机器人建立社会关系，因为它们具有更高的类人地位（Yam et al.，2020）。拟人化与许多动机有关，其中社会性动机和有效性动机是人类体验的核心。社会性动机是指需要建立社会关系，从而促进合作。社会关系越密切的人，社交动机越低。因而，长期孤独的个体更有可能将技术拟人化（Epley et al.，2008）。有效性动机可以被概念化为理解和掌握环境的愿望，能减少不确定性的策略。通过将非人类拟人化，可以预测实体的行为，从而增加有利互动的概率（Sheehan et al.，2020）。

以往的研究发现，服务设备的拟人化会对顾客的态度和行为产生复杂的影响。一些研究将聊天机器人拟人化与积极的消费者评价联系起来，表明具有更多类人线索的聊天机器人可以使个体产生与企业更强的情感联系（Araujo，2018）。类似地，具有动画语音的仿真机器人的虚拟通信可以提高客户对机器人的满意度（Qiu，Benbasat，2008）。最近的研究强调仍需进行大量研究，以调查技术应如何拟人化，从而最大限度地提高消费者对会话代理的信任和接受度（Wirtz et al.，2018）。例如，发现类人代理在虚拟环境中更有效，因为拟人化能很好地体现表示人际关系的人类特征（Go，Sundar，2019）。同样地，太多的拟人化可能适得其反，因为它可能会产生夸大的期望，而这些期望很难实现，因此可能会转化为较低的满意度评估（Pantano，Pizzi，2020）。总的来说，根据"恐怖谷理论"，随着机器人人性化的不断增加，人类对机器人的情感反应变得越来越积极，直到到达一个点，超过这个点后态度就会迅速变成强烈的排斥。然而，随着外表和动作与人类的区别越来越小，情绪反应再次变得积极，最后接近对人类的态度（Sheehan et al.，2020）。

本章参考文献

[1] 周丽，范建华，2021. 形塑信任：网络电商直播的场景框架与情感逻辑 [J]. 西南民族大学学报（人文社会科学版），42（02）：142-147.

[2] 张宝生，张庆普，赵辰光，2021. 电商直播模式下网络直播特征对消费者购买意愿的影响——消费者感知的中介作用 [J]. 中国流通经济，35（06）：52-61.

[3] 喻昕，许正良，郭雯君，2017. 在线商户商品信息呈现对消费者行为意愿影响的研究——基于社会临场感理论的模型构建 [J]. 情报理论与实践，40（10）：80-84.

[4] 杨刚，刘颢琳，徐韵影，等，2018. 网络直播引导下用户信息行为特征研究 [J]. 情报理论与实践，41（06）：100-105.

[5] 徐芳,应洁茹,2020.国内外用户画像研究综述[J].图书馆学研究,(12):7-16.

[6] 谢莹,高鹏,李纯青,2021.直播社会临场感研究:量表编制和效度检验[J].南开管理评论,24(03):28-36.

[7] 谢莉娟,王晓东,2020.数字化零售的政治经济学分析[J].马克思主义研究,(02):100-110.

[8] 谢富胜,吴越,王生升,2019.平台经济全球化的政治经济学分析[J].中国社会科学,(12):62-81.

[9] 吴铭栋,2021.互联网经济对国民消费积极性的影响——基于交易费用的分析[J].经营与管理,(05):133-137.

[10] 魏华,高劲松,段菲菲,2021.电商直播模式下信息交互对用户参与行为的影响[J].情报科学,39(04):148-156.

[11] 王宪朋,2017.基于视频大数据的用户画像构建[J].电视技术,41(06):20-23.

[12] 王晰巍,刘伟利,贾沣琦,等,2020.网络直播App使用行为影响因素模型及实证研究[J].图书情报工作,64(05):22-31.

[13] 王宝义,2021.直播电商的本质、逻辑与趋势展望[J].中国流通经济,35(04):48-57.

[14] 唐绪军,黄楚新,王丹,2020."5G+":中国新媒体发展的新起点——2019—2020年中国新媒体发展现状及展望[J].新闻与写作,(07):43-49.

[15] 宋美琦,陈烨,张瑞,2019.用户画像研究述评[J].情报科学,37(04):171-177.

[16] 申静,于梦月,耿瑞利,2019.数据驱动的开放式营销咨询模型构建与应用[J].技术经济,38(05):103-109.

[17] 孟陆,刘凤军,陈斯允,等,2020.我可以唤起你吗——不同类型直播网红信息源特性对消费者购买意愿的影响机制研究[J].南开管理评论,23(01):131-143.

[18] 马玥,2021.数字经济对消费市场的影响:机制、表现、问题及对策[J].宏观经济研究,(05):81-91.

[19] 刘忠宇,赵向豪,龙蔚,2020.网红直播带货下消费者购买意愿的形成机制——基于扎根理论的分析[J].中国流通经济,34(08):48-57.

[20] 刘凤军，孟陆，陈斯允，等，2020. 网红直播对消费者购买意愿的影响及其机制研究 [J]. 管理学报，17（01）：94-104.

[21] 李梦吟，王成慧，2019. 社会化媒体是否能促进网络购买？——基于技术接受模型的实证研究 [J]. 中国流通经济，33（05）：90-99.

[22] 韩文龙，2020. 数字经济中的消费新内涵与消费力培育 [J]. 福建师范大学学报（哲学社会科学版），(05)：98-106.

[23] 龚雅娴，2021. 数字经济下的消费行为：述评与展望 [J]. 消费经济，37（02）：89-96.

[24] 崔光野，马龙龙，2020. 数字时代新型商业模式和消费行为下的品牌建设 [J]. 商业经济研究，2020（02）：5-8.

[25] 陈迎欣，邰旭彤，文艳艳，2021. 网络直播购物模式中的买卖双方互信研究 [J]. 中国管理科学，29（02）：228-236.

[26] 陈冬梅，王俐珍，陈安霓，2020. 数字化与战略管理理论——回顾、挑战与展望 [J]. 管理世界，36（05）：220-236.

[27] 曾丽红，黄蝶，2021. 是什么在主导网络直播购物意愿——说服理论视域下对直播购物受众购买意愿的影响因素研究 [J]. 新闻与写作，(07)：50-57.

[28] 陈煜波，2018. 数字人才——中国经济数字化转型的核心驱动力. 人民日报，2（1），30-40.

[29] ABEL F, GAO Q, HOUBEN G-J, et al, 2011. Analyzing user modeling on twitter for personalized news recommendations, 19th International Conference on User Modeling, Adaptation and Personalization (UMAP 2011), Girona, SPAIN, 1-12.

[30] ANTONIO IGLESIAS J, ANGELOV P, LEDEZMA A, et al, 2012. Creating evolving user behavior profiles automatically. Ieee Transactions on Knowledge and Data Engineering, 24：854-867.

[31] ARAUJO T, 2018. Living up to the chatbot hype: The influence of anthropomorphic design cues and communicative agency framing on conversational agent and company perceptions. Computers in Human Behavior, 85：183-189.

[32] ARORA S, PARIDA R R, SAHNEY S, 2020. Understanding consumers' showrooming behaviour：A stimulus-organism-response (s-o-r) perspective. International Journal of Retail & Distribution Management, 48：1157-1176.

[33] ARORA S, SAHNEY S, 2019. Examining consumers' webrooming behavior: An integrated approach. Marketing Intelligence & Planning, 37: 339-354.

[34] AZARIAN B, 2016. A neuroscientist explains why artificially intelligent robots will never have consciousness like humans, Raw Story.

[35] BEHME C, 2007. The singularity is near. When humans transcend biology. Dalhousie Review, 87: 150-151.

[36] BERGER J, 2014. Word of mouth and interpersonal communication: A review and directions for future research. Journal of Consumer Psychology, 24: 586-607.

[37] BHATTACHERJEE A, SANFORD C, 2006. Influence processes for information technology acceptance: An elaboration likelihood model. Mis Quarterly, 30: 805-825.

[38] BLEI D M, NG A Y, JORDAN M I, 2003. Latent dirichlet allocation. Journal of Machine Learning Research, 3: 993-1022.

[39] BUGHIN J, 2015. Brand success in an era of digital darwinism. Mckinsey quarterly.

[40] CHI O H, DENTON G, DOGAN G, 2020. Artificially intelligent device use in service delivery: A systematic review, synthesis, and research agenda. Journal of Hospitality Marketing & Management, 29: 757-786.

[41] COLBY C L, MITHAS S, PARASURAMAN A, 2016. Service robots: How ready are consumers to adopt and what drives acceptance, In The 2016 Frontiers in Service Conference.

[42] DABHOLKAR P A, 1996. Consumer evaluations of new technology-based self-service options: An investigation of alternative models of service quality. International Journal of Research in Marketing, 13 (1): 29-51.

[43] EDELMAN D C, SINGER M, 2015. Competing on customer journeys, Harvard Business Review.

[44] EISINGERICH A B, CHUN H H, LIU Y, et al, 2015. Why recommend a brand face-to-face but not on facebook? How word-of-mouth on online social sites differs from traditional word-of-mouth. Journal of Consumer Psychology, 25: 120-128.

[45] EPLEY N, AKALIS S, WAYTZ A, et al, 2008. Creating social connection through inferential reproduction-loneliness and perceived agency in gadgets, gods, and greyhounds. Psychological Science, 19: 114-120.

[46] EREVELLES S, FUKAWA N, SWAYNE L, 2016. Big data consumer analytics and the transformation of marketing. Journal of Business Research, 69: 897-904.

[47] FLAVIAN C, GURREA R, ORUS C, 2016. Choice confidence in the webrooming purchase process: The impact of online positive reviews and the motivation to touch. Journal of Consumer Behaviour, 15: 459-476.

[48] GANDOMI A, HAIDER M, 2015. Beyond the hype: Big data concepts, methods, and analytics. International Journal of Information Management, 35: 137-144.

[49] GAUCH S, SPERETTA M, CHANDRAMOULI A, et al, 2007. User profiles for personalized information access. The adaptive web.

[50] GENSLER S, NESLIN S A, VERHOEF P C, 2017. The showrooming phenomenon: It's more than just about price. Journal of Interactive Marketing, 38: 29-43.

[51] GIEBELHAUSEN M, ROBINSON S G, SIRIANNI N J, et al, 2014. Touch versus tech: When technology functions as a barrier or a benefit to service encounters. Journal of Marketing, 78: 113-124.

[52] GO E, SUNDAR S S, 2019. Humanizing chatbots: The effects of visual, identity and conversational cues on humanness perceptions. Computers in Human Behavior, 97: 304-316.

[53] GOLDFARB A, TUCKER C E, 2011. Privacy regulation and online advertising. Management Science, 57: 57-71.

[54] GONG S, ZHANG J, ZHAO P, et al, 2017. Tweeting as a marketing tool: A field experiment in the tv industry. Journal of Marketing Research, 54: 833-850.

[55] HEITZ-SPAHN S, 2013. Cross-channel free-riding consumer behavior in a multichannel environment: An investigation of shopping motives, sociodemographics and product categories. ournal of Retailing and Consumer Services, 20 (6): 570-578.

[56] HENNIG-THURAU T, GWINNER K P, WALSH G, et al, 2004. Electronic word-of-mouth via consumer-opinion platforms: What motivates consumers to articulate themselves on the internet?. Journal of Interactive Marketing, 18 (1): 38-52.

[57] HOLZWARTH M, JANISZEWSKI C, NEUMANN M M, 2006. The influence of avatars on online consumer shopping behavior. Journal of Marketing, 70: 19-36.

[58] HUANG M-H, RUST R T, 2018. Artificial intelligence in service. Journal of Service Research, 21: 155-172.

[59] JING B, 2018. Showrooming and webrooming: Information externalities between online and offline sellers. Marketing Science, 37: 469-483.

[60] KANNAN P K, LI H A, 2017. Digital marketing: A framework, review and research agenda. International Journal of Research in Marketing, 34: 22-45.

[61] KIM A J, KO E, 2010. Impacts of luxury fashion brand's social media marketing on customer relationship and purchase intention. Journal of Global Fashion Marketing, 1: 164-171.

[62] KIM J Y, COLLINS T K, BENNETT P N, et al, 2012. Characterizing web content, user interests, and search behavior by reading level and topic. , In Proceedings of the fifth ACM international conference on Web search and data mining, 213-222.

[63] KUEBLER R, PAUWELS K, YILDIRIM G, et al, 2018. App popularity: Where in the world are consumers most sensitive to price and user ratings? Journal of Marketing, 82: 20-44.

[64] KUO H-C, NAKHATA C, 2019. The impact of electronic word-of-mouth on customer satisfaction. Journal of Marketing Theory and Practice, 27: 331-348.

[65] LEE J, PARK D-H, HAN I, 2008. The effect of negative online consumer reviews on product attitude: An information processing view. Electronic Commerce Research and Applications, 7: 341-352.

[66] MOU Y, XU K, 2017. The media inequality: Comparing the initial human-

human and human-ai social interactions. Computers in Human Behavior, 72: 432-440.

[67] NASRAOUI O, SOLIMAN M, SAKA E, et al, 2008. A web usage mining framework for mining evolving user profiles in dynamic web sites. Ieee Transactions on Knowledge and Data Engineering, 20: 202-215.

[68] PANTANO E, PIZZI G, 2020. Forecasting artificial intelligence on online customer assistance: Evidence from chatbot patents analysis. Journal of Retailing and Consumer Services, 55.

[69] PATTERSON P, 2016. Retrospective: Tracking the impact of communications effectiveness on client satisfaction, trust and loyalty in professional services. Journal of Services Marketing, 30: 485-489.

[70] PELAU C, DABIJA D-C, ENE I, 2021. What makes an ai device human-like? The role of interaction quality, empathy and perceived psychological anthropomorphic characteristics in the acceptance of artificial intelligence in the service industry. Computers in Human Behavior, 122.

[71] PETERS K, CHEN Y, KAPLAN A M, et al, 2013. Social media metrics-a framework and guidelines for managing social media. Journal of Interactive Marketing, 27: 281-298.

[72] PETTY R E, GOLDMAN R, CACIOPPO J T, 1981. Personal involvement as a determinant of argument-based persuasion. Journal of Personality and Social Psychology, 41: 847-855.

[73] PRECOURT G, 2015. How word of mouth works in advertising. Journal of Advertising Research, 55: 2-3.

[74] QIU L, BENBASAT I, 2009. Evaluating anthropomorphic product recommendation agents: A social relationship perspective to designing information systems. Journal of Management Information Systems, 25: 145-181.

[75] QIU L, LEUNG A K Y, HO J H, et al, 2010. Understanding the psychological motives behind microblogging. Studies in health technology and informatics, 154: 140-144.

[76] QUINTANA R M, HALEY S R, LEVICK A, et al, 2017. The persona party: Using personas to design for learning at scale, In Proceedings of the

2017 CHI Conference Extended Abstracts on Human Factors in Computing Systems, 933-941.

[77] RAFAELI A, ALTMAN D, GREMLER D D, et al, 2017. The future of frontline research: Invited commentaries. Journal of Service Research, 20: 91-99.

[78] RATCHFORD B T, LEE M S, TALUKDAR D, 2003. The impact of the internet on information search for automobiles. Journal of Marketing Research, 40: 193-209.

[79] RISSELADA H, DE VRIES L, VERSTAPPEN M, 2018. The impact of social influence on the perceived helpfulness of online consumer reviews. European Journal of Marketing, 52: 619-636.

[80] ROOK D W, FISHER R J, 1995. Normative influences on impulsive buying behavior. Journal of Consumer Research, 22: 305-313.

[81] ROSARIO A B, DE VALCK K, SOTGIU F, 2020. Conceptualizing the electronic word-of-mouth process: What we know and need to know about ewom creation, exposure, and evaluation. Journal of the Academy of Marketing Science, 48: 422-448.

[82] SCHIAFFINO S, AMANDI A, 2009. Intelligent user profiling, In Artificial Intelligence An International Perspective, Springer, Berlin, Heidelberg, 193-216.

[83] SEILER S, 2013. The impact of search costs on consumer behavior: A dynamic approach. Qme-Quantitative Marketing and Economics, 11: 155-203.

[84] SHANKAR V, URBAN G L, SULTAN F, 2002. Online trust: A stakeholder perspective, concepts, implications, and future directions. Journal of Strategic Information Systems, 11: 325-344.

[85] SHEEHAN B, JIN H S, GOTTLIEB U, 2020. Customer service chatbots: Anthropomorphism and adoption. Journal of Business Research, 115: 14-24.

[86] SHORT J, WILLIAMS E, CHRISTIE B, 1976. The social psychology of telecommunications. John Willey and Sons, London.

[87] SIT J K, HOANG A, INVERSINI A, 2018. Showrooming and retail opportunities: A qualitative investigation via a consumer-experience lens. Journal of Retailing and Consumer Services, 40: 163-174.

[88] STERNBERG R J, 2005a. The theory of successful intelligence. Interamerican Journal of Psychology, 39 (2): 189-202.

[89] STERNBERG R J, 2005b. The theory of successful intelligence. Interamerican. Journal of Psychology, 39 (2): 189-202.

[90] SUSSMAN S W, SIEGAL W S, 2003. Informational influence in organizations: An integrated approach to knowledge adoption. Information Systems Research, 14: 47-65.

[91] SUTHERLAND S, 1996. Emotional intelligence: Why it can matter more than iq-goleman, d. Nature, 379: 34-35.

[92] TSAI H-T, PAI P, 2013. Explaining members' proactive participation in virtual communities. International Journal of Human-Computer Studies, 71: 475-491.

[93] VAN DOLEN W M, DABHOLKAR P A, DE RUYTER K, 2007. Satisfaction with online commercial group chat: The influence of perceived technology attributes, chat group characteristics, and advisor communication style. Journal of Retailing, 83: 339-358.

[94] WANG C, 2017. Advertising as a search deterrent. Rand Journal of Economics, 48: 949-971.

[95] WANG X, YU C, WEI Y, 2012. Social media peer communication and impacts on purchase intentions: A consumer socialization framework. Journal of Interactive Marketing, 26: 198-208.

[96] WEBSTER C, SUNDARAM D S, 2009. Effect of service provider's communication style on customer satisfaction in professional services setting: The moderating role of criticality and service nature. Journal of Services Marketing, 23: 104-113.

[97] WIRTZ J, JERGER C, 2016. Managing service employees: Literature review, expert opinions, and research directions. Service Industries Journal, 36: 757-788.

[98] WIRTZ J, LOVELOCK C, 2016. Services marketing: People, technology, strategy. World Scientific Publishing Company.

[99] WIRTZ J, PATTERSON P G, KUNZ W H, et al, 2018. Brave new world: Service robots in the frontline. Journal of Service Management, 29: 907-931.

[100] XU Y, SHIEH C-H, VAN ESCH P, et al, 2020. Ai customer service: Task complexity, problem-solving ability, and usage intention. Australasian Marketing Journal, 28: 189-199.

[101] YAM K C, BIGMAN Y E, TANG P M, et al, 2020. Robots at work: People prefer-and forgive-service robots with perceived feelings. The Journal of applied psychology.

[102] YOO J, ARNOLD T J, 2016. Frontline employee customer-oriented attitude in the presence of job demands and resources: The influence upon deep and surface acting. Journal of Service Research, 19: 102-117.

第七章 研究总结与展望

至此，本书已将生态环境中与消费密切相关的领域进行了系统回顾与梳理。在本章中，作者将对相关研究的脉络进行总结，并在此基础上展望今后相关研究领域的可行方向和亟须解决的研究问题。期望这些设想能为消费者行为领域的研究同人们开拓新的研究思路。

第一节 生态环境研究总结

所谓"一方水土养一方人"，消费者所赖以生存的地理位置、气候条件等生态环境每时每刻都在悄然塑造着他们，并潜移默化地对消费者的认知范式、性格特点、产品偏好和行为决策模式等方方面面产生深远的影响。由于生态环境所包含的内容十分广泛，本书无法一一覆盖，故此作者重点选取了与营销和决策领域高度相关的几个方面进行了重点的文献梳理和论述，其中包含自然地理环境、疫情暴发与流行、空气质量、拥挤环境和数字化信息背景等五个维度。这五个维度涵盖了生态环境的主要方面，作者对于每个维度都给出了详细的定义和分类，系统梳理了该领域的前人经典文献和研究前沿发现，并结合营销领域的研究成果分析了具体的生态环境信息如何作用于消费者的产品偏好和消费决策。

在自然地理环境的章节中，作者从环境生态学的角度切入，分别整理了气候气象、地理地貌条件、纬度信息、植被覆盖等核心自然地理特征对消费行为的具体影响与心理作用机制，同时讲解了敬畏感在其中起到的核心作用。

在疫情暴发的章节中，作者重点关注了新冠疫情对全球经济的深远影响及其在个体消费领域的作用。该章节采用以小见大的方法，回顾并梳理了经典的恐惧管理理论和相关知识点，分别对疫情暴发在政治经济、人文风俗、组织行为和个体购买决策等后续影响进行了分析。

在空气污染的章节，本书对空气污染的起源进行了探求，并且区分了不同类型的空气污染和程度。基于前人的研究发现，作者分别从逃跑型战略和战斗型战略的角度对空气污染的现有研究发现进行了归类和整理，并提出了一些急需解决的研究问题和方向。

在拥挤环境的章节，作者首先对拥挤的定义进行了辨析和厘清，然后区分了物理空间引起的拥挤和人员密度引发的社会拥挤。以此为基础，作者对不同类型的拥挤后置行为变量进行了总结与分析。更为重要的是，本书对拥挤的几种测量和操纵方式进行了汇总，便于今后的研究者参考和借鉴。

最后，在数字化背景的章节，本书聚焦于虚拟数字空间，对目前流行的消费模式和影响方式进行了分析，重点关注了大数据顾客画像、直播购物和人工智能等前沿的研究议题。并且在大数据时代的背景下，尝试提醒学界和业界同仁们关注数据的边界，以及数字化转型如何影响消费者的认知与行为决策。

第二节　生态环境研究展望

随着消费者行为研究的不断深入和新研究方法的不断涌现，该学科领域不断从相关学科中汲取优秀经验，研究范式已经日趋完善。近年来，消费者行为领域的研究更加重视结论的可复制性，对样本数量、实验操纵规范和数据分析等都提出了新的挑战和要求。

一直以来，消费者行为学的专家学者们都对生态环境的影响有着浓厚的研究兴趣，也已经产生了一些前沿的研究成果。但这一领域的很多变量相对而言还是涉及较少。由于生态环境本身的特殊性和复杂性，故此在生态环境对消费行为的影响研究领域还前路漫漫，尚有许多值得深入探讨的领域和内容。本书结合前文所涉及的文献，从以下五个方面提出未来的研究展望，即未来相关研究领域可以尝试的转变方式。

一、从关注行为本身转向关注心理机制

传统的消费行为研究多以关注行为决策或是产品偏好作为因变量，对于心理机制的探索主要以量表测量的方式为主，将其作为中介变量进行中介分析，许多研究的中介多为部分中介。由于近年来新的研究方法不断涌现，在生态环境的相关研究

中，今后可以尝试使用多种测量数据来为行为影响的背后心理机制提供更为科学和全面的检验。

除了常规的自我汇报式量表测量，今后研究可以考虑结合眼动仪。眼动仪常用于记录人在处理视觉信息时的眼动轨迹特征，广泛用于注意、视知觉、阅读等领域的研究。消费者的眼动可以反映视觉信息的选择模式，对于揭示认知加工的具体心理机制具有重要意义，从研究报告看，利用眼动仪进行心理学研究常用的资料或参数主要包括注视点轨迹图，眼动时间，眼跳，瞳孔大小和眨眼频率等。Tobii pro 是目前应用最广泛的便携式眼动仪，而一些国产品牌（如七鑫易维）也能提供遥测式眼动仪、眼镜式眼动仪，以及虚拟现实眼动仪等设备供研究使用。

此外，消费者行为研究在探讨生态环境对个体决策的影响时，还可以考虑进一步结合体温、心率和面部表情变化等数据进行立体分析。例如实时心电图、呼吸频率、皮电等都可以检测消费者当下的生理唤起状态。而面部动作编码系统则可以从多个维度捕捉和分析消费者当下的心理效价；微表情信息可以检测到隐性的情绪和态度，从而反映被试的真实状态。目前，已有相关的公司可以为此提供专业的测量和数据处理等服务，例如 Noldus 能为研究者提供面部表情分析和脑电、皮电等生理数据的采集服务。

二、从实验室实验转向实地实验

由于实验室实验可以更好地控制其他不相关的变量，从而检验自变量与因变量之间的因果关系，故此常规的消费者行为研究多以实验室实验为主要研究方法。但生态地理等环境的研究对象由于其本身的复杂性而更适合在实地进行研究。

除了更丰富的实地实验之外，未来研究过程中，学者们也可以尝试探索结合二手数据。例如空气质量的具体指标、维度、植被覆盖率、地貌等地理信息均可以找到相关的数据源，这使得生态环境对消费决策影响的研究更容易获得二手数据的支持。故此，今后研究可以借助二手数据对研究假设进行初步的检验和探索。在此基础上再通过行为实验的方法对因果关系进行验证，从而获得更为稳健和可靠的研究结果。

三、从情境操纵转向真实场景的模拟

对于大多数的研究变量，例如社会拥挤、空气质量等，现有文献中都已经提供了十分丰富的经典操纵方法。但常规的操纵方法多以实验室内的情境操纵为主，例如投射式阅读、回忆描述或是情境想象为主,这些操纵具有简单易行的优点,但往往外部可扩展性较低。故此,今后研究可以考虑使用更为真实的场景对核心变量进行操纵。例如社会拥挤除了图片和视频操纵外,可以使用真实的购物场景,通过被试人数的变换或是高峰 VS 低峰的人流密度来进行操纵。

根据生态环境的自身特点,研究者可以借助天然的地形地貌或是气候条件来形成对变量的有效操纵,同时进来保证其他变量的一致性。比如对于空气质量的操纵,除了情境阅读或是图片启动外,可以在真实的雾霾天 VS 晴天对消费者进行行为数据的观测。当然,这种观测的前提是两个实验天在其他维度尽量保持一致,例如温度、风力、光照强度、实验所在城市位置等。这样可以兼顾实验结果的内部和外部效度。

四、从虚拟偏好转向真实选择

为了进一步提高研究结果的可复制性和对营销实践的直接借鉴意义,对于生态环境和消费决策的相关研究可以更多关注对消费者真实产品选择或是购买行为的测量。以往的消费者行为研究基本以虚构的产品为目标,通过询问被试对于虚构产品的支付意愿(Willingness to Pay)、态度评价(Attitude Evaluation)、购买意愿(Purchase Intention)和满意度(Satisfaction)来测量结果变量。但由于产品是虚构的,且本身被试并不需要付出真实的金钱来购买这些产品,所以得出的结果往往有高估的倾向。这些结果是否能在真实的购物环境下得到验证也不可知。

更为合理的测量方式是尽量使用真实的产品或是真实的广告设计,这样一是可以提高决策的真实性,二是可以让消费者在决策时有更高的卷入度。由于花钱本身是有心理疼痛感的,故此我们应该应该让被试去做真实的选择,例如被试需要真的花钱去购买所选择的商品,此时被试的决策更能代表他们的真实意愿和偏好,也能为企业今后的营销实践提供更为可靠的支持。

五、从微观的单次决策转向宏观的长期行为变化

受到行为实验本身的特点影响,大部分的实验都是单一事件节点下的影响,例如通过启动被试孤独感的情绪来观测被试对于新产品是否有不同的偏好。由于情境启动的孤独情绪本身具有短暂性,其影响通常是即时的,不会持续很长时间,对后续产品决策的影响也比较有限。但在真实的消费世界里,个体的每一个决策都会受到很多因素的影响,虽然企业可以在营销过程中通过广告或是其他营销手段短暂启

动个体的某种特殊情绪（例如孤独感），但短暂的影响很难保证其后续在真实选择时会受到影响。因为通常而言，广告接受和发生购买行为之间可能会间隔一段较长的时间。

而生态环境的影响本身就是长期且持久的，所以对于生态环境方面的因素进行研究时，我们可以更多地关注其对长期消费行为的影响变化。采用长期跟踪的研究方式，使我们能够获得长时段的研究数据，进而分析行为变化的趋势和关键节点。例如新冠肺炎疫情持续在全球蔓延，其暴发初期、中期和疫情防范常态化的阶段，消费者所产生的消费行为变量是不同的。而且不同国家地域和不同严重程度的时间段内，消费者的行为也会有所变化，这些都为长期行为研究提供了新的思路。

最后，目前在消费者行为研究领域内的生态环境研究多以具体的生态环境单一指标为自变量，然后探讨其对品牌偏好或是个体决策的影响机制，主要的关注点比较聚焦于微观行为结果为主。今后的研究一方面可以拓展到对于多维度生态环境的协同影响，另一方面也可以更多地关注一些宏观层面的指标数据。